1938，关键一年

从十二月会议到六届六中全会

罗平汉 著

生活·讀書·新知 三联书店

Copyright © 2024 by SDX Joint Publishing Company.
All Rights Reserved.

本作品版权由生活·读书·新知三联书店所有。
未经许可，不得翻印。

图书在版编目（CIP）数据

1938，关键一年：从十二月会议到六届六中全会 /
罗平汉著 . —北京：生活·读书·新知三联书店，
2024.3
ISBN 978-7-108-07784-4

Ⅰ.①1… Ⅱ.①罗… Ⅲ.①抗日民族统一战线 – 史料 Ⅳ.① K265.106

中国国家版本馆 CIP 数据核字 (2024) 第 014197 号

责任编辑	唐明星
装帧设计	康　健
责任印制	卢　岳

出版发行　生活·讀書·新知 三联书店
　　　　　（北京市东城区美术馆东街 22 号 100010）
网　　址　www.sdxjpc.com
经　　销　新华书店
印　　刷　河北松源印刷有限公司
版　　次　2024 年 3 月北京第 1 版
　　　　　2024 年 3 月北京第 1 次印刷
开　　本　635 毫米 × 965 毫米 1/16 印张 15.25
字　　数　169 千字
印　　数　00,001–10,000 册
定　　价　55.00 元
（印装查询：01064002715；邮购查询：01084010542）

目 录

前　言　1

第一章　毛泽东强调独立自主　5
　一、对右倾危险的警惕　5
　二、强调独立自主事出有因　21
　三、独立自主的山地游击战　35

第二章　对独立自主原则的冲击　53
　一、"马克思给我们送来了天兵天将"　53
　二、"一切服从抗日民族统一战线"　69
　三、毛泽东对独立自主原则的坚持　84
　四、十二月会议所产生的影响　99

第三章　长江局与延安的分歧　110
　一、十二月会议之后的王明　110
　二、三月中共中央政治局会议　123
　三、对国民党临全大会等问题的不同看法　145
　四、毛泽东继续强调持久战和游击战　158

第四章　中共六届六中全会　170
　一、九月中共中央政治局会议　170
　二、六届六中全会的召开和毛泽东论新阶段　191
　三、张闻天的组织报告与王明等人的发言　206
　四、正确处理民族斗争和阶级斗争的关系　216
　五、"党有了群众信仰的领袖"　224

结　语　232

前　言

　　1937年7月全民族抗战爆发之后，毛泽东基于第一次国共合作破裂和大革命失败的教训，也基于对国民党蒋介石集团的深刻了解与认识，强调在第二次国共合作实现、抗日民族统一战线形成后，必须坚持独立自主原则。同时也基于中国是一个大而弱的国家，而侵略中国的日本是一个小而强的国家，因而抗日战争将是持久的，但日本兵力有限只可能占领城市和交通要道，这就为建立敌后抗日根据地，开展敌后游击战提供了广阔的空间，因而强调八路军、新四军必须开展独立自主的游击战争。

　　然而，就在这两个问题于党内已经获得基本共识的时候，长期在共产国际工作的王明回到了国内。王明基于欧洲一些国家的共产党建立反法西斯人民阵线的经验，不顾中国抗日民族统一战线的特殊性，片面地提出"一切经过统一战线"主张，放弃统一战线的独立自主原则，同时轻视游击战争的重要性，把抗战胜利的希望寄托在国民党的正规战上。由于王明曾担任过共产国际领导人，在回国前又曾见到过斯大林和共产国际执委会总书记季米特洛夫，因而党内一些人一时间难免是非莫辨，将他个人的主张当作共产国际的意见，致使在1937年12月召开的中共中央政治局会议上，一些人对独立自主原则和山地游击战的重要性产生了动摇。

十二月会议后，王明前往武汉，担任中共中央代表团团长和中共中央长江局书记，主要负责统一战线工作。在武汉工作期间，王明不但继续鼓吹他关于统一战线的那一套主张，并且与中共中央闹独立性，在一些重大问题上不与中共中央保持一致，不尊重、不服从中共中央的领导，严重影响了党的集中统一领导。

1938年4月，任弼时代表中共中央向共产国际提交了《中国抗日战争的形势与中国共产党的工作和任务》的书面报告大纲，随后又在共产国际会议上对报告大纲作了口头说明和补充。共产国际肯定了中共中央的政治路线是正确的，并明确表示中共中央内部应维护毛泽东的领导地位。同年8月，中共驻共产国际代表王稼祥回国，传达了共产国际的指示，要求在中共中央领导机关中，要以毛泽东为核心解决统一领导问题，中央领导机关要有紧密团结的空气。在此基础上，这年9月至11月，中共六届六中全会在延安召开，毛泽东全面分析了抗日战争进入新阶段后的形势与任务，提出要实现马克思主义的中国化，强调必须做到个人服从组织、少数服从多数、下级服从上级、全党服从中央即"四个服从"，并且在为会议作结论时明确对"一切服从统一战线"提出批评。经过十二月会议后大半年的实践，全党充分认识到统一战线的独立自主原则和游击战争的正确性，亦认识到维护毛泽东在党内领袖地位的重要性。毛泽东自己后来说："六中全会是一个重要的关键，没有六中全会，今天的局面不会有这样大"，"六中全会是决定中国之命运的"[1]。

之所以说中共六届六中全会是"决定中国之命运的"，就在

---

[1]《毛泽东文集》第三卷，人民出版社1996年版，第359、425页。

于这次全会从根本上纠正了王明的右倾错误。可以说中共六届六中全会之后，党内在一系列重大问题上保持了高度的团结一致，毛泽东的正确主张也从此得到全面的贯彻落实。抗日战争时期是中国共产党得到大发展的阶段。红军改编之时，八路军、新四军相加不过五六万人，而到抗战胜利之时，中国共产党领导的人民军队已达130余万之众，党员人数也从4万人左右发展到120余万人，根据地从1个陕甘宁发展到19个，根据地人口从150余万发展到1亿多；不但取得了抗日战争的伟大胜利，而且为抗战胜利后只用三年多时间从根本上打倒国民党蒋介石集团奠定了基础。

在延安整风时，毛泽东曾说"十二月会议我是孤立的"[1]，中共六届六中全会毛泽东彻底结束了这种"孤立"状态。那么，在十二月会议上毛泽东为什么会"孤立"，而到六届六中全会时连王明也表态说，"我们党一定能统一团结在中央和毛同志的周围（领袖的作用，譬如北辰而众星拱之）"[2]。从十二月会议到六届六中全会的大半年多时间，到底发生了什么，本书试图就此作点简要的梳理与回答。

---

[1] 中共中央文献研究室：《毛泽东年谱（1893—1949）》（修订本）中卷，中央文献出版社2013年版，第480页。
[2]《王明言论选辑》，人民出版社1982年版，第639页。

第一章　毛泽东强调独立自主

1937年7月全民族抗战爆发后，随着第二次国共合作局面和抗日民族统一战线的形成，毛泽东十分关注两个问题，一个是统一战线的独立自主原则，一再提醒在国共合作实现后要警惕党内有可能出现的右倾危险；另一个是红军改编之后的作战方针问题，反复强调必须开展独立自主的山地游击战。

一、对右倾危险的警惕

1937年7月7日，卢沟桥事变爆发，中国驻军奋起抵抗，全民族抗战由此开始。事变的第二天，中共中央发出《为日军进攻卢沟桥通电》，呼吁全中国人民、政府和军队团结起来，国共两党亲密合作，筑起民族统一战线的坚固长城，坚决抵抗日寇的侵略。同一天，毛泽东、朱德等致电蒋介石，表达红军将士"为国效命，与敌周旋，以达保土卫国之目的"的强烈意愿。也在这一天，中央书记处指示中共中央北方局："不管日方将扩大为大规模战争或将暂时取外交压迫形式"，都要"坚决保卫平津保卫华北"，并"着手组织抗日义勇军，准备进行艰苦的游击战争"[1]。

---

[1] 中共中央文献研究室、中央档案馆：《建党以来重要文献选编（1921—1949）》第14册，中央文献出版社2011年版，第360页。

7月13日，毛泽东出席延安市共产党员与机关工作人员紧急会议，号召每一个共产党员与抗日的革命者，应该沉着地完成一切必需准备，随时出动到抗日前线。

7月15日，中共中央向国民党中央提交《中国共产党为公布国共合作宣言》，提出实现国共合作和全国人民大团结的三项基本政治纲领：（一）争取中华民族之独立自由与解放，首先须切实地迅速地准备与发动民族革命抗战，以收复失地和恢复领土主权之完整。（二）实现民权政治，召开国民大会，以制定宪法与规定救国方针。（三）实现中国人民之幸福与愉快的生活。首先须切实救济灾荒，安定民生，发展国防经济，解除人民痛苦与改善人民生活。为"披沥自己对于民族解放事业的赤忱之必要"，中国共产党郑重地向全国人民作出了四项承诺：（一）孙中山先生的三民主义为中国今日之必需，本党愿为其彻底的实现而奋斗。（二）取消一切推翻国民党政权的暴动政策及赤化运动，停止以暴力没收地主土地的政策。（三）取消现在的苏维埃政府，实行民权政治，以期全国政权之统一。（四）取消红军名义及番号，改编为国民革命军，受国民政府军事委员会之统辖，并待命出动，担任抗日前线之职责。为实现全民族抗战和建立广泛的抗日民族统一战线，中国共产党作出了重大政策调整。

卢沟桥事变使蒋介石不得不在对日抵抗还是继续妥协退让间作出抉择。自1931年九一八事变以来，面对日本帝国主义的步步进逼，蒋介石一向采取"攘外必先安内"之策，将消灭共产党为主要内容的所谓安内作为重中之重，为此不惜对日本步步退让。然而，1936年发生的西安事变使蒋介石意识到，在中国共产党一再呼吁停止内战、一致对外,建立抗日民族统一战线的情况下,如果继续坚持其"剿共"内战政策,只会使自己众叛亲离,而日本的步步进逼亦使蒋介石认识到其欲壑难填的贪婪本性,不能毫无底线地与其妥协,否则将成为中华民族的千古罪人。卢沟桥事变后的第十天,即7月17日,蒋介石在庐山发表谈话,宣布:"政府对于卢沟桥事件,已确定始终一贯的方针和立场……我们知道全国应战以后之局势,就只有牺牲到底,无丝毫侥幸求免之理。如果战端一开,那就是地无分南北,年无分老幼,无论何人,皆有守土抗战之责任。"这是他自九一八事变以来少有的对日强硬立场,表明了中国政府的抗日决心。

但是,卢沟桥事变后,日本一面决定向华北增兵、扩大侵略战争,一面却又放出"不扩大方针"和"就地解决"的烟幕。因此,此时的蒋介石仍然对日本心存幻想,希望把卢沟桥事变作为"局部事件",通过外交途径和平解决。然而,到了7月下旬,日军大量增援部队到达中国,向北平、天津发动大规模进攻,7月底平津失陷,日军沿平绥、平汉、津浦铁路向华北腹地大举进犯。8月13日,日军又在上海向中国军队发起进攻,遭到了中国军队的坚决抵抗,史称八一三事变。

自1927年4月蒋介石的南京国民政府建立之后,虽然名义上中国获得了统一,但中国四分五裂的状况并没有从根本上得到改变,在东北、华北、西北、西南、华南各地,地方实力派仍然拥兵自重,蒋介石政权真正能控制的只是以南京为政治中心、以上海为经济中心的长江中下游地区。日本对上海的大举进攻,危及蒋介石的核心统治区,这使他不得不下定抵抗的决心。9月22日,国民党中央通讯社全文发表《中共中央为公布国共合作宣言》。9月23日，蒋介石在庐山发表《对中国共产党宣言的谈话》，认为"此次中国共产党发表之宣言，即为民族意识胜过一切之例证"。"今日凡为中国国民，但能信奉三民主义而努力救国者，政府当不问其过去如何而咸使其有效忠国家之机会，对于国内任何派别，只要诚意救国，愿在国民革命抗敌御侮之旗帜下，共同奋斗者，政府无不开诚接纳，咸使集中于本党领导之下，而一致努力。中国共产党人既捐弃成见，确认国家独立与民族利益之重要，吾人唯望其真诚一致，实践其宣言所举之诸点，更望其在御侮救亡统一指挥之下，以贡献能力于国家，与全国同胞一致奋斗，以完成革命之使命。"[1]这个谈话的发表，实际上是蒋介石承认了中国共产党的合法地位，标志着第二次国共合作正式形成。

9月29日，毛泽东针对蒋介石的这个谈话，写作了《国共两党统一战线成立后中国革命的迫切任务》[2]，指出："共产党的这个宣言和蒋介石氏的这个谈话，宣布了两党合作的成立，对于两党联合救国的伟大事业，建立了必要的基础。共产党的宣言，不但将成为两党团结的方针，而且将成为全国人民大团结的根本方针。蒋氏的谈话，承认了共产党在全国的合法地位，指出了团结救国的必要，这是很好的；但是还没有抛弃国民党的自大精神，还没有必要的自我批评，这是我们所不能满意的。但是不论如何，两党的统一战线是宣告成立了。这在中国革命史上开辟了一

---

[1] 重庆市政协文史资料研究委员会等编：《抗战时期国共合作纪实》上卷，重庆出版社1992年版，第401—402页。
[2] 即收入《毛泽东选集》第2卷的《国共合作成立后的迫切任务》一文。

个新纪元。这将给予中国革命以广大的深刻的影响,将对于打倒日本帝国主义发生决定的作用。"[1]

自 1935 年 12 月瓦窑堡会议以来,为了挽救民族的危亡,中国共产党一直在不遗余力地推动抗日民族统一战线的建立。这也是中国共产党走向成熟的重要标志,表明党已经能够准确地把握历史方位,根据国内主要矛盾的变化确定党的中心工作。建立最广泛的抗日民族统一战线,不但是挽救民族危亡的唯一出路,也使人们认识到中国共产党是将国家和民族的利益置于至高地位的政党,极大地提高了党的社会影响。

作为一个极具战略远见的政治家,全民族抗战爆发前,毛泽东关注的重点是如何建立抗日民族统一战线,团结一切可以团结的力量,共同抵御强敌的进攻;而随着全民族抗战局面的到来和抗日民族统一战线的形成,他关注的重点则是统一战线建立后,如何保持中国共产党的独立性问题,因为这个问题不但关系统一战线的巩固,也关系党自己的安危与发展。

8 月 9 日,中共中央在延安召开中央及各部门负责人会议,讨论平津失陷后的形势与党的任务。张闻天在会上所作的报告中,提出了抗日战争时期处理同国民党关系的五条原则:(一)坚持同国民党合作的方针,发扬其每个进步,批评其动摇与妥协。反对急躁病,不断推动它前进,逼它前进。另一方面,合作并不是投降,反对满足、迁就的投降倾向。(二)提出我党独立的积极的主张,提出保障胜利的办法,来号召与团结全国群众,迫使蒋走向我们方面,使我党实际上起指导作用。(三)参加国民党所

---

[1]《毛泽东选集》第二卷,人民出版社 1991 年版,第 363—364 页。

发起的一切合法团体与活动（如抗敌后援会等），扩大它们的群众基础与组织内部的民主，使之成为公开的广泛的统一战线的组织。同时不放弃利用一切公开的可能，独立地进行发动、组织与教育群众的工作。造成推动南京政府的力量，而不是与之对立。（四）争取党的公开与半公开，巩固与扩大党的秘密组织。加强在群众中与军队中的工作。（五）转变一切工作方式与方法，以适应目前的新形势。[1]

毛泽东在会议讨论中特别强调国共合作中的反倾向问题，表示完全同意张闻天的报告，必须反对两种倾向，一是急躁病，一是适合国民党的适合主义。要保持组织的独立性、批评的自由。他明确指出：卢沟桥事变是中国大规模全国性抗日战争的开始。国民党转变已大进一步，但离彻底转变还远。目前还存在着严重的危机，即统治者怕群众起来。蒋介石的抗战决心是日本逼起来的，应战主义是危险的，在华北实际是节节退却。毛泽东还提醒说，同时还要估计到特别的情形，防人之心不可无，应有戒心，保障红军之发展扩大。[2]这就表明，在抗日民族统一战线已经形成的前提下，如何坚持独立自主原则，中共中央领导层保持着清醒的头脑。

为了统一全党特别是党的高级干部在统一战线和红军改编成八路军后采取什么样的作战方针等问题上的思想认识，8月22日至25日，中共中央政治局在洛川召开扩大会议，即洛川会议。

---

[1]《张闻天文集》第二卷，中共党史出版社1992年版，第336页。

[2] 中共中央文献研究室：《毛泽东年谱（1893—1949）》（修订本）中卷，中央文献出版社2013年版，第12—13页。

在 22 日的会议上,毛泽东作了军事问题和国共两党关系问题的报告,并作结论。报告分析了抗日战争的形势、任务及国共两党关系,指出抗日战争的持久性,提出红军的基本任务和战略方针,强调共产党在统一战线中的独立自主原则。

毛泽东指出:中国抗战存在着两种政策和两个前途,即我们的全面的全民族抗战的政策和国民党的单纯政府抗战的政策,坚持抗战到胜利的前途和大分裂、大叛变的前途。根据中日战争中敌强我弱的形势和敌人用兵的战略方向(以夺取华北为主),抗日战争是一场艰苦的持久战。对国共关系问题,毛泽东指出:要坚持抗日民族统一战线,巩固扩大统一战线;同时要保持共产党在政治上、组织上的独立性,记取 1927 年大革命失败的教训,对国民党的反共倾向保持高度的阶级警觉性。总之,必须坚持统一战线中的无产阶级领导权。[1]

在 22 日的发言中,张闻天着重讲到国共关系问题,认为南京政府发动的抗战是全国性抗战的开始,是有历史意义的,应给以充分的估计。这是一年来中国共产党执行了抗日民族统一战线的政策的伟大的胜利,使得在这历史转变的关头,全民族抗战有了一个基础。南京政府的抗战使中华民族前进一大步,但这只是开始,同时要看到其中的危险性,当前主要问题是限于政府的抗战,而同时压抑人民,控制群众运动,这是严重的弱点,具有极大的危险性,弄不好抗战的失败是有可能的。因此,中国共产党要用全部的力量发动群众,拥护抗战,争取抗战胜利,从中来完

---

[1] 中共中央文献研究室:《毛泽东年谱(1893—1949)》(修订本)中卷,中央文献出版社 2013 年版,第 15—16 页。

成民主革命的任务——统一中国，建立民主共和国。

张闻天同时指出："尽管国民党还有许多使我们不满意的地方，但我们还是要坚持联合他，推动其向前"，要反对"左"的急躁病，要想尽一切方法来推动国民党，使其在日本进攻及全国人民压力下继续前进。"但另一方面也要防止右的尾巴主义、投降主义的倾向。"要认清中国共产党有保持独立组织和批评的自由。张闻天认为，"在任何情况下都不要失掉自己的立场，不要轻易相信人家。我们只是在抗战问题上与人家联合，而内部是有矛盾的"。"目前国民党对共产党的态度虽有基本转变，但合作还只是初步成功，并没完全成功，完全成功还要有相当时期。总之，我们对国民党的态度是：好的赞扬，坏的批评。"[1]张闻天还强调，中国共产党在全民族抗战中要很好地使用并扩大自己的力量，至少要保存我们的力量。"总的是：赚钱则来，不赚钱不干。"[2]

8月24日，张闻天又在会上作了报告，分析当前的政治形势，认为以蒋介石为代表的中派已开始有了抗战的决心。这是九一八以来中派最大的进步，对此应有充分的估计。同时要看到这是它基本的转变，南京政府的抗战是被逼的，"日本逼它，我们党逼它，还有群众逼它，今天已逼得它无回旋的余地了，这就完全证实了我们党的'逼蒋抗日'的方针是对的"。正因为蒋介石的抗日是被逼的，所以他的抗日就表现为"消极抵抗"，政府包办，缺乏积极性，没有坚持动员的方针，一切显得很紊乱；另一

---

[1]《张闻天文集》第二卷，中共党史出版社1992年版，第339—340页。
[2]《张闻天文集》第二卷，中共党史出版社1992年版，第339—340页。

方面则是害怕群众,不发动群众,不放弃一党专政的方针。张闻天指出,现在从各方面来看都可以说全国性的抗战已经开始,中日战争已经不可避免,从此开始了一个新的阶段,即进入抗战的阶段。这是中国政治的大进步,中国共产党的任务就是用一切力量来争取抗日战争的胜利。张闻天同时强调,蒋介石集团有左右分化的可能,在抗日民族统一战线中共产党必然取得领导权,"要使大家了解抗战是一个持久的战争,中共应起决定的作用。只有中共在抗战中取得领导权时,抗战胜利才能得到保障,才能使抗战胜利后完成民主共和国的任务!"[1]

洛川会议的一个重要成果,是通过了《关于目前形势与党的任务的决定》《中国共产党抗日救国十大纲领》和毛泽东为中共中央宣传部门起草的关于形势和任务的宣传鼓动提纲《为动员一切力量争取抗战胜利而斗争》。抗日救国十大纲领的主要内容是:(一)打倒日本帝国主义;(二)全国军事的总动员;(三)全国人民的总动员;(四)改革政治机构;(五)抗日的外交政策;(六)战时的财政经济政策;(七)改良人民生活;(八)抗日的教育政策;(九)肃清汉奸卖国贼亲日派,巩固后方;(十)抗日的民族团结。这十大纲领也是中国共产党在全民族抗战的新形势下基本的政治主张。宣传提纲指出:卢沟桥中国军队的抗战,是中国全国性抗战的开始。为了挽救祖国的危亡,全国人民必须坚固地团结起来,为保卫祖国而作战到底。今后的任务是"动员一切力量争取抗战胜利",这里的关键是国民党政策的全部的和彻底的转变,特别是在发动民众和改革政治等

---

[1]《张闻天文集》第二卷,中共党史出版社 1992 年版,第 345、347—348、349 页。

问题上。

8月27日，中共中央政治局常委会在洛川召开的座谈会，重点讨论统一战线问题，而且在讨论的题目中，第一个就是在统一战线中，是共产党吸引国民党，还是国民党吸引共产党？毛泽东在座谈会上首先发言。他说：无产阶级的政治和组织的程度比资产阶级高，所以统一战线由无产阶级提出。在联合抗日的情况下，要把民族革命与社会革命贯通起来。在统一战线的长期过程中，国民党有计划地从各方面影响和吸引共产党及红军，我们要提高政治警觉性。要使农民和小资产阶级跟随我党走。国民党内有些人动摇于国共两党之间，共产党吸引国民党的条件是存在着的。"两党之间互相吸引的问题，要在斗争中解决。""统一战线建立后，主要危险是右倾机会主义，要注意在党内加强教育。"[1]

张闻天在座谈会的发言中，专门讲到右倾投降主义的危险在增长的问题。他指出，统一战线愈发展，右倾危险性愈要增长。这是因为统一战线本身就包含右倾危险。有些同志常常只看到统一的方面，没有看到不统一的方面；只看到相同的方面，看不到区别的方面；只强调一方面，而忽视另一方面。这种看法是不对的，目前之所以特别提出警觉性的问题，原因就在于此。但张闻天同时又认为，当前虽然存在右倾投降主义的危险，"但我们有把握相信取得领导权，因为我们是共产党，有马列主义，有丰富

---

[1] 中共中央文献研究室：《毛泽东年谱（1893—1949）》（修订本）中卷，中央文献出版社2013年版，第17—18页。

经验，有共产国际的指导"[1]。

9月1日，在中央一级积极分子会议上，毛泽东在作关于中日战争爆发后的形势和任务的报告时又指出，全国性抗战已经开始，但还是单纯的政府抗战，压制人民的积极性，必须动员一切力量，实现全面的、全民族的抗战，才能争取胜利。抗日战争是持久战。八路军的主要任务，是开展独立自主的山地游击战争，组织义勇军，建立抗日根据地，由"壮气军"地位到实力领导地位。毛泽东重申右倾机会主义即投降主义，认为这是全民族抗战爆发、抗日民族统一战线形成后党内必须警惕的主要危险。在报告中，毛泽东明确提出必须解决好"资产阶级追随无产阶级，还是无产阶级追随资产阶级（国民党吸引共产党，还是共产党吸引国民党）"的问题。[2]

对于这个问题，实际上在全民族抗战爆发前，毛泽东就已经明确提出来了。他在1937年5月召开的全国党的代表会议上就指出，中国反帝反封建的资产阶级民主革命的任务，必须经过无产阶级的领导，才能够完成。毛泽东明确提出："使无产阶级跟随资产阶级呢，还是使资产阶级跟随无产阶级呢？这个中国革命领导责任的问题，乃是革命成败的关键。""在今天，以国民党为代表的资产阶级还带着很多的被动性和保守性，对于共产党发起的抗日民族统一战线，在长久的时期中表示不敢接受，就是证据。这种情况，加重了无产阶级及其政党的政治领导责任。抗日

---

[1]《张闻天文集》第二卷，中共党史出版社1992年版，第350页。
[2] 中共中央文献研究室：《毛泽东年谱（1893—1949）》（修订本）中卷，中央文献出版社2013年版，第19页。

救国的总参谋部的职务，共产党是责无旁贷和义不容辞的。"[1]毛泽东还提出了怎样实现中国共产党对于全国各革命阶级的政治领导的四条原则：一是"根据历史发展行程提出基本的政治口号，和为了实现这种口号而提出关于每一发展阶段和每一重大事变中的动员口号"；二是"应该提起自己的无限的积极性和忠诚，成为实现这些具体目标的模范"；三是"在不失掉确定的政治目标的原则上，建立与同盟者的适当的关系，发展和巩固这个同盟"；四是"共产党队伍的发展，思想的统一性，纪律的严格性"。[2]

9月25日，中共中央政治局常委会召开会议，讨论中共参加政府的问题。会议通过了《中共中央关于共产党参加政府问题的决定草案》，其主要内容是："只有将国民党一党专政的政府转变为全民的统一战线的政府时，即在今天的国民党政府（甲）接受本党所提抗日救国十大纲领的基本内容，依据此内容发布施政纲领时；（乙）在实际行动上已经开始表示实现这一纲领的诚意与努力，并在这方面获得相当成绩时；（丙）容许共产党组织的合法存在，保证共产党动员群众组织群众与教育群众的自由时，中共才能去参加。""在党中央没有决定参加中央政府以前，共产党员一般的亦不得参加地方政府，并不得参加中央的及地方的一切附属于政府行政机关的各种行政会议及委员会。这种参加徒然模糊共产党在人民中的面目，延长国民党的独裁统治，推迟统一战线的民主政府之建立，是有害无利

---

[1]《毛泽东选集》第一卷，人民出版社1991年版，第262页。
[2]《毛泽东选集》第一卷，人民出版社1991年版，第262—263页。

的。""在原有红军中苏区中及一切游击区中,共产党绝对独立领导之保持,是完全必要的,共产党员不许可在这个问题上发生任何原则上的动摇。"[1]

洛川会议后,中共中央和毛泽东一再重申,在统一战线中必须坚持独立自主原则。1937年初,中共湘鄂赣省委了解到中共中央关于建立抗日民族统一战线的方针和政策后,于这年5月成立了湘鄂赣军区人民抗日军事委员会(后改为湘鄂赣人民抗日红军军事委员会),由湘鄂赣省苏维埃政府主席傅秋涛担任主席。随后,湘鄂赣军区人民抗日军事委员会以"快邮代电"形式向全国发表声明:"凡诸同情本会抗日救国主张者,本会愿与之合作,共同奔赴国难。"

1937年8月中旬起,湘鄂赣边红军游击队代表开始与国民党当局谈判,由于国民党代表缺乏诚意,谈判未取得实质性进展。8月26日,傅秋涛和中共湘鄂赣省委书记涂正坤等到浏阳县城,同国民党军第五十师师长岳森谈判,并就释放政治犯、在浏阳建立红军办事处、红军游击队集中、改番号为湘鄂赣人民抗日红军游击支队等问题达成初步协议,其余的问题则与国民党的武汉行辕谈判解决。

1937年8月底,湘鄂赣省苏维埃政府副主席刘玉堂与省委秘书长黄耀南赴武汉,与武汉行辕代表谈判。确定由武汉行辕下令停止对红军的军事行动,划平江县的长寿、嘉义为红军集中改编地点,并拨发给养,红军游击队改编为湘鄂赣人民抗日游击第一

---

[1] 中共中央文献研究室、中央档案馆:《建党以来重要文献选编(1921—1949)》第14册,中央文献出版社2011年版,第528—529页。

支队,武汉行辕派副司令、参谋长、副官主任、军需主任、副官等到支队任职。

张闻天、毛泽东了解相关情况后,于9月14日,致电博古、叶剑英、周恩来并告林伯渠、董必武等,指出:"湘鄂赣边区傅秋涛等派至武汉谈判代表,承认武汉行辕派军需主任、副官主任等许多人到部队中去及其它许多不利条件,完全错误。"要求"另派代表,否认原定条件,重定办法,坚持下列各点:(一)国民党不得插进一个人来;(二)一定的军饷;(三)驻地依靠有险可守之山地,严防暗袭及破坏,不要求驻大地方"。并且强调"统一战线中,地方党容易陷入右倾机会主义,这已成党的主要危险,请严密注意"。[1]

9月30日,毛泽东、张闻天致电负责同国民党谈判的秦邦宪、叶剑英,强调在南方红军游击队改编时,以集中五分之三、留下五分之二于原地改为保安队为原则,反对国民党提出的全部集中的要求;保安队均须进行政治上的整理,反对投降主义,反对国民党派遣任何人;任何游击队区域,均须中共中央派人亲去传达改编指示,然后集中。[2]

这年9月,坚持南方三年游击战争的主要领导人项英,前往南昌同国民党谈判南方红军游击队改编问题。其间,项英在国民党江西省党部纪念周上发表演说,表示一切服从国民党。10月1日,毛泽东致电秦邦宪、叶剑英,令项英来中央讨论南方游

---

[1]《毛泽东文集》第二卷,人民出版社1993年版,第13—14页。
[2] 中共中央文献研究室:《毛泽东年谱(1893—1949)》(修订本)中卷,中央文献出版社2013年版,第27—28页。

击队改编问题,指出:"项英同志似还不明白,统一战线中保持独立性原则,似还更不明白,不应无条件集中而应保持南方战略支点的原则。他在南昌的做法带着危险性。"[1]10月2日,毛泽东与张闻天又致电秦、叶,并指出:"南方游击队万不宜集中,项(即项英——引者)在江西的做法上了国民党的当。"10月3日毛泽东和张闻天致电中共中央南方工作委员会书记张文彬,提醒他:"国民党企图集中南方各游击队,我们决不可中其计,速派人传达党的正确的方针。"[2]

10月13日,张闻天、毛泽东致电当时负责上海中共组织重建恢复的刘晓等人,强调:"民族资产阶级的影响,在部分左倾领袖及党员中是在增长,主要表现在对于国民党的投降,只知同国民党统一,处处迁就他的要求,而不知同他的错误政策做斗争。""民族统一战线不但不取消对于国民党的错误政策进行批评与斗争,而且只有在这一基础上,才能使统一战线充实巩固起来,使之继续前进。只有使国民党感觉到群众对于自己的不满与压迫,才能推动它在各方面的彻底转变。同国民党和平共居,只能延长他的错误政策的寿命。""应不失时机对国民党的错误政策采取攻势的批评与斗争,主要方向首先是在改组国民党,然后及于改组政府与改造军队,这不是使国共合作分裂,而是使之更进

---

[1] 中央档案馆:《中共中央文件选集》第11册,中共中央党校出版社1991年版,第363页。
[2] 中共中央文献研究室:《毛泽东年谱(1893—1949)》(修订本)中卷,中央文献出版社2013年版,第28页。

一步开展。"[1]

10月19日，毛泽东与张闻天致电周恩来、朱德等，提出在山西须坚持与阎锡山合作，不参加任何倒阎阴谋，但原则问题决不让步。[2]

11月12日，即上海陷落的当天，中共中央在延安召开党的活动分子会议。毛泽东在会上作了《上海太原失陷以后抗日战争的形势和任务》的报告。报告指出："在卢沟桥事变以后，党内的主要危险倾向，已经不是'左'倾关门主义，而转变到右倾机会主义，即投降主义方面了。这主要是因为国民党已经抗日了的缘故。"因此，"必须尖锐地提出谁领导谁的问题，必须坚决地反对投降主义"。"'统一战线中的独立自主'这个原则的说明、实践和坚持，是把抗日民族革命战争引向胜利之途的中心一环"。[3] 11月15日，毛泽东在复电周恩来并告朱德、彭德怀等时又指出："目前山西工作原则是'在统一战线中进一步执行独立自主'。因为国民党及阎黄卫（指国民党第二战区司令长官阎锡山和副司令长官黄绍竑、卫立煌——引者）在日寇打击之下，已基本上丧失在山西继续支持的精神与能力。我们须自己作主，减少对于他们的希望与依靠，故'独立自主'之实行，须比较过去'进一步'，这是完全必要的。"[4]

---

[1] 中共中央文献研究室、中央档案馆：《建党以来重要文献选编（1921—1949）》第14册，中央文献出版社2011年版，第567—568页。

[2] 中共中央文献研究室：《毛泽东年谱（1893—1949）》（修订本）中卷，中央文献出版社2013年版，第33页。

[3]《毛泽东选集》第二卷，人民出版社1991年版，第391、392、394页。

[4] 中共中央文献研究室：《毛泽东年谱（1893—1949）》（修订本）中卷，中央文献出版社2013年版，第39页。

二、强调独立自主事出有因

毛泽东和张闻天为何在全民族抗战爆发,以国共第二次合作为基本特征的抗日民族统一战线正式形成,就将坚持独立自主原则、反对右倾投降的问题如此严重地提出来,是有深刻的原因的。

原因之一,在此前的国共谈判过程中,蒋介石始终没有放弃取消至少削弱共产党力量的目标,这就不能不使毛泽东、张闻天对蒋介石保持高度的戒心。

西安事变中蒋介石不得不接受中共中央和张学良、杨虎城提出的停止内战、一致对外的主张,国共之间长达近十年的内战基本结束,随后,国共两党就合作事宜进行谈判。1937年2月8日,蒋介石致电其西安行辕主任顾祝同,提出在与周恩来谈判时,"我方最要注意之一点,不在形式之统一,而在精神实质之统一。一国之中,决不能有性质与精神不同之军队也,简言之,要其共同实行三民主义,不做赤化宣传工作。若在此点同意,则甚当易商量"[1]。在随后与国民党代表张冲、顾祝同进行的谈判中,周恩来发现,蒋介石"始终不承认国共合作,而看作红军投降,似无共产党独立地位",而蒋本人"因为他成功地解决了东北军和十七路军问题,使红军再陷孤立,因此暗下决心要把'共党非人伦、不道德的生活,与无国家、反民族的主义','根绝净尽'"[2]。当周恩来提出红军改编后人数确定为六七万,编制为四

---

[1] 秦孝仪:《中华民国重要史料初编》第五编(一),中国国民党中央委员会党史委员会1985年编印,第262页。
[2] 杨奎松:《失去的机会——抗战前后国共谈判实录》,新星出版社2010年版,第49页。

个师，每师三个旅六个团约一万五千人时，蒋介石2月16日指示顾祝同说："当西安事变前只允编三千人，后拟加为五千人，但五千人之数尚未与之明言也。今则时移情迁，彼既有诚意与好意之表示，中央准编其四团制师之两师，照中央编制，八团兵力已有一万五千人以上之数，不能再多，即可以此为标准，与之切商。其余人数，准由中央为之设法编并与安置，但其各师之参谋长与师内各级之副职，自副师长乃至副排长人员，皆应由中央派充也。"[1]实际上拒绝了共产党方面的要求。同一天，蒋介石还在其日记中写道："考虑大局，决定编共而不容共，抗日而非排日，外交更以独立自主为基础。"[2]

1937年2月21日，国民党召开五届三中全会。这次全会较大幅度地调整了国民党政策，确认了和平统一、修改宪法、扩大民主、开放言论、释放政治犯诸原则，间接地接受了中共提出的抗日民族统一战线的主张。即便如此，国民党仍在重弹取消共产党及其领导的军队、政权的老调。会议通过的《关于根绝赤祸之决议》，提出要取消红军、取消苏维埃、停止赤化宣传、停止阶级斗争等。用周恩来的话说，"这个东西是双关的，因为红军改了名称，也可以说是取消红军，但红军还存在；苏区改了名称，也可以说是取消苏区，但苏区还存在。所谓停止阶级斗争，停止赤化宣传，就是不许我们在国民党统治区有政治活动。那时候一

---

[1] 秦孝仪：《中华民国重要史料初编》第五编（一），中国国民党中央委员会党史委员会1985年编印，第264页。

[2] 秦孝仪：《中华民国重要史料初编》第五编（一），中国国民党中央委员会党史委员会1985年编印，第265页。

方面和平了，一方面又埋伏了文章"。[1]周恩来所说的这个"文章"，就是要取消共产党领导的军队和政权。所以这个决议案污蔑中共"封建割裂专制残酷之策略，及其以国际组织为背景，而破坏国家统一之行动与宣传，实与建国立人之要旨绝对相反"，"故赤祸之必须根绝，乃为维护吾国家民族至当不易之大道"。[2]

在以后的国共谈判中，国民党方面千方百计地限制中共军队的编制与人数，虽然答应红军可以改编为三个师，但又提出每师人数只能是一万人，总数三万人，蒋介石还对周恩来说，不必说与国民党合作，只是与他个人合作，还说共产党说话不算话，希望这次能够改变，能与他永久合作。中共中央在给共产国际的报告中说，蒋介石知道"共产党不会无条件地拥护他，而他又不能满足于党外合作，故他要我们想新的办法，他认为这一问题如能解决，其他具体问题可以放松一些"。周恩来曾问蒋介石有何具体办法使中共能与他永久合作，而蒋却再三说没有，而是要中共方面商量。[3]显然，蒋介石想要的办法，就是中共不再是一个独立的、有军队有政权的党，而是共产党熔化到国民党中，维护他的领袖地位。

中共方面"商量"的结果，形成了《民族统一纲领（草案）》，由周恩来携带于6月上旬前往庐山同蒋介石再次进行谈判。不

---

[1]《论统一战线》(1945年4月30日)，《周恩来选集》上卷，人民出版社1980年版，第194页。

[2] 荣孟源主编：《中国国民党历次代表大会及中央全会资料》，光明日报出版社1985年版，第435页。

[3]《中共中央关于与蒋介石谈判经过和我党对各方面策略方针向共产国际的报告》，1937年4月5日。

料，蒋见周后，却将这个文件撇在一边，另外提出一个成立国民革命同盟会的主张，"由蒋指定国民党的干部若干人，共产党推出同等数量之干部合组之，蒋为主席，有最后决定之权"。"两党一切对外行动及宣传，统由同盟会讨论决定，然后执行。关于纲领问题，亦由同盟会加以讨论"。"同盟会在进行顺利后，将来视情况许可扩大为国共两党合组之党"[1]。并且在谈判的过程中，蒋介石提出，先由中共发表宣言，国民党方面即公布红军编制为三个师，四万五千人，三个师以上设政训处；朱德、毛泽东须离开红军；边区政府可由中共推荐国民政府方面的人任正职，中共推荐副职；分批释放在狱的中共党员；由中共方面派人联络南方游击队，经调查后实行编遣，但其领袖须离开部队；国民大会指定中共出席代表，但不能以中共名义；国防会议可容中共干部参加等。并提出成立国民革命同盟会，国共双方推出同等数目干部组成，蒋为主席，有最后决定权；共同纲领及国共两党一切对外宣传和行动，统由同盟会讨论执行；同盟会将来可扩大为国共合组的党；同盟会可与第三国际发生组织关系以代替与中共的关系。[2] 蒋介石这些无理要求，中共方面自然无法接受，这次谈判实际上是无果而终。

随后不久，卢沟桥事变发生，周恩来再次前往庐山同蒋介石会谈，并将《中共中央为公布国共合作宣言》送给蒋介石，而这时因八一三事变还未发生，蒋的态度十分冷淡。据周恩来说：

---

[1]《中共中央关于与蒋介石第二次谈判向共产国际的报告》，1937年6月17日。
[2] 中共中央文献研究室：《周恩来年谱（1898—1949）》（修订本），中央文献出版社1998年版，第374页。

"我们带去起草好的宣言,他要动手改两句,那时候我们还客气,同意他修改了两点。但修改了他也不发表,总想把共产党合法这一点抹杀掉。"[1]

7月14日,周恩来会见国民党谈判代表张冲。张冲说,蒋介石提出红军改编后"各师须直隶行辕,政治机关只管联络"。7月17日,蒋介石在庐山发表谈话表示:"如果战端一开,那就是地无分南北,年无分老幼,无论何人,皆有守土抗战之责任,皆应抱定牺牲一切之决心。"但又声称,"在和平根本绝望之前一秒钟,我们还是希望和平的,希望由和平的外交方法,求得卢事的解决。"实际上还是没有下定抗战的决心。蒋还不允许在庐山进行国共谈判的共方代表周恩来、林伯渠、博古出席谈话会,以示不允许中共公开活动。

对于蒋介石发表的庐山谈话,中共方面立即表示出欢迎的态度,以释放加紧推进国共合作共同抗日的诚意。毛泽东表示:"这个谈话,确定了准备抗战的方针,为国民党多年以来在对外问题上的第一次正确的宣言,因此,受到了我们和全国同胞的欢迎。"[2]但中共方面的善意却未被蒋介石所领受,蒋将《中共中央为公布国共合作宣言》交给顽固反共的复兴社特务头子康泽去审查,康泽对宣言做了大量删改,甚至连"共产党"三个字也不许提,同时坚持红军改编必须要接受国民党中央政府选派的参谋长和联络参谋等。蒋介石也坚持红军在改编后不设统一的指挥机关,使谈判陷于僵局。

---

[1]《周恩来选集》上卷,人民出版社1980年版,第195页。
[2]《毛泽东选集》第二卷,人民出版社1991年版,第344页。

接着，日本在上海制造了八一三事变，淞沪抗战爆发，日军向蒋介石统治的核心地区发动大规模进攻。在这种情况下，蒋介石才下定全面抗战的决心，并于9月22日发表《中共中央为公布国共合作宣言》，在事实上承认中国共产党的合法地位。蒋介石的这种态度，无疑促使中共中央和毛泽东、张闻天等对其始终保持高度警惕，同时也一再提醒各级干部，一定要防止在国共合作实现后发生右倾危险。

原因之二，随着抗日民族统一战线的形成和国共合作的建立，党内相继发生了若干在国共合作时丧失原则性、迁就国民党的事件，出现了一些值得注意的倾向。其中一个代表性的例子是闽粤边游击区发生的何鸣事件。

闽粤边游击区位于福建南部和广东东部边界地区，红军游击队的活动区域主要是闽南的南靖、平和、漳浦、云霄、诏安、龙溪和粤东的潮安、澄海、饶平、大埔等县。闽粤边地区的游击战争开始于主力红军长征之前。1934年1月，中共中央为了牵制国民党军队的兵力，配合中央苏区的第五次反"围剿"，决定成立中共闽粤边特委，指派原中共厦门市委巡视员黄会聪任特委书记。

黄会聪到来之前，这里的党组织已经建立了若干游击队，其中主要有（南）靖（平）和（漳）浦县委领导的红三团（政委何鸣），约400余人；潮（安）澄（海）（南）澳县委领导的红三连，约160人；饶（平）（平）和（大）埔县委领导的一支十余人的小游击队。1934年5月，黄会聪在靖和浦组建了何鸣等人参加的中共闽粤边区临时特别委员会（临委）。同年8月，正式成立中共闽粤边区特委，选举黄会聪为特委书记，何鸣等人为委员。会议确定闽粤边红军游击队的任务是在靖和浦根据地周围开展游击战争，巩固和扩大红色区域，配合中央苏区的第五次反"围剿"，以策应主力红军的战略行动。

中央红军长征后，闽粤边红军游击队以灵活机动的游击战来回击敌人的一次又一次"清剿"，消灭地主武装，开辟新的游击区。1936年6月两广事变后，中共闽粤边特委利用这一有利时机，号召各地党组织和红军游击队"更广泛地在抗日反蒋的旗帜下面，组织群众，武装群众及动员我们所有红军与人民抗日义勇军，在军事行动上应与西南军队互相呼应的向蒋介石部队进攻，并使之转变为大规模的抗日的武装斗争"[1]。根据新的形势，特委决定将所属红军游击队改编为"中国人民红军闽南抗日支队"。

闽粤边地区的游击战争是在长期与中共中央失去联系的情况下进行的。为了取得中共中央的直接领导，1936年10月，身患重病的特委书记黄会聪决定北上寻找党中央。他先到上海，可中共上海局已遭国民党破坏，于是又转道北上到了北平，终于找到中共北方局。黄会聪本想亲自到陕北向中共中央汇报工作，但无奈身体状况不允许，只得抱病在北平向中央写了两万多字的综合报告。他随后转至香港就医，1937年9月病逝。

黄会聪北上之后，中共闽粤边特委决定由何鸣代理书记。1937年2月后，何鸣在通过国民党报纸了解到已发生西安事变，中共中央提出"停止内战、一致对外"建立抗日民族统一战线的

---

[1] 中国人民解放军历史资料丛书编审委员会：《南方三年游击战争·闽粤边游击区》，解放军出版社1994年版，第140页。

主张，在向中共南方工作委员会（简称南委）汇报后，于这年4月开始派代表同粤军第一五七师进行停战谈判。双方首次谈判时，国民党代表不但没有和谈诚意，而且在谈判的同时暗中调遣兵力，向闽粤边特委驻地进攻。何鸣率特委机关人员转移到平和县的白沙宿营时，被第一五七师抓捕，随后被解扣到漳州的第一五七师师部。

何鸣被捕后，闽粤边特委指定特委委员、云和诏中心县委书记张敏为代理书记，并通电第一五七师，宣布何鸣为共方谈判代表，抗议其破坏抗日合作谈判的行径，全力开展对何鸣的营救工作。在社会各界抗日热情高涨的情况下，第一五七师面临强大的舆论压力，该师师长黄涛不得不释放何鸣等人，并提出双方停止敌对行动，合作抗日，红军游击队按指定地点集中训练，归第一五七师指挥。何鸣返回特委后，介绍了被捕情况和第一五七师提出的条件。特委就此进行了研究并向南委作了汇报。不久，南委指示闽粤边特委：同意其与第一五七师谈判，红军游击队可以接受改编但组织上必须独立，红军人员一切生活待遇与第一五七师相同，驻防地应在游击区。

这年6月中旬，何鸣到漳州同第一五七师进行谈判。在谈判中，第一五七师代表同意合作抗日，但以红军游击队留存根据地不能抗日为由，要求红军游击队必须离开根据地。为此，特委召开连以上干部会议就此展开讨论，对于部队改编基本认识一致，但对于部队集中的地点产生了严重的意见分歧，一部分人不同意部队离开根据地，但何鸣主张把部队拉出去以扩大影响，特委最后决定接受何鸣的意见。

6月26日，双方达成合作抗日、红军游击队改编为福建省保安独立大队的"六二六政治协定",较早地开创了局部地区国共合作的新局面。"六二六政治协定"签订之后,特委和部队一些负责干部对将队伍开往平和县的小溪集中有不同意见。这时,南委派的代表姚铎来到了特委,传达了南委"就地谈判,不能离开根据地"的指示。但是,何鸣认为既然已同第一五七师签订了协定,而且当前首要的问题是抗日,要从闽南实际出发,争取更多的群众投身抗日救亡运动。这样一来,姚铎同意了何鸣的意见。何鸣之所以坚持要让红军游击队离开根据地,一个重要原因是他在漳州市区看到的都是"打倒日本帝国主义"等抗日标语,而无"剿共"之标语,而且第一五七师的士兵在教唱《义勇军进行曲》等抗日歌曲,一时被国民党方面这些表面文章所迷惑。

7月2日,红军游击队在小溪接受了第一五七师的改编。7月13日,部队从小溪来到漳浦县城。就在同一天,国民党第四路军总司令余汉谋等人奉蒋介石的密令也来到了漳州,与黄涛策划如何消灭红军游击队。余汉谋主张武力解决,黄涛提出采取包围缴械的办法并得到了余的同意。随后,他们进行了缴械的具体布置。7月15日,漳浦地下党负责人了解到第一五七师准备对红军游击队进行缴械的情况,立即向何鸣作了通报,并提醒他采取措施以作预防,但何鸣以为既然已经签订合作协议,对方不会采取敌对行动,认为情况不准,不以为意。

7月16日上午,红军游击队近千人在漳浦的大操场点名发饷。何鸣对第一五七师的阴谋失去警惕,把队伍带到大操场时,指战员们发现国民党军已在大操场的四周架好机枪和大炮,枪口全部集中对准在大操场上的红军游击队。这时,有的指战员表示要进行武装反抗,但何鸣对此不予同意,认为可能通过谈判解决。何鸣一方面指责第一五七师破坏国共合作和统一战线；另一方面又对部队说现在部队已经被包围了，硬拼损失更大，要求大家将枪放下，等候中央来处理。接着，他自己带头将短枪扔在地上，部队见状也只得扔下手中的武器。就这样，红军游击队一枪未发全部被第一五七师缴了械。这就是全民族抗战爆发之初著名的"漳浦事件"（即何鸣事件）。

全民族抗战爆发之后，还相继发生了屈从国民党解散中共领导的群众团体的事件。这年8月间，在西安的国民党陕西省党部发出通知，无理取缔中共所领导的西北各界救国联合会以及其他进步团体。当时，中共陕西党组织中的一些人，在国民党反动派的压力下做了无原则的让步，于9月间自动解散西北各界救国联合会，要求该会的一些干部参加国民党包办的陕西省各界抗敌后援会设计委员会，西安的群众救亡运动因此受到严重影响。10月初，中共中央知道这一事件后，立即发出指示，及时纠正了这种无原则的迁就倾向，并提出了补救措施。10月7日，张闻天起草了《关于取消"西救"的错误及处理办法的指示》，指出："西救（即西北各界救国联合会——引者）的取消是没有原则的"，"取消自己有长期斗争历史的'西救'，这实是投降主义倾向的具体表现"。"同国民党这批老爷们没有残酷的斗争，没有必要的进攻的行动，它是不会前进的，也不会向我们让步的。"[1]

1937年春，中共陇东特委曾不顾国民党方面的限制，建立各种抗日救亡组织。七七事变后，中共陇东特委的一些人却对国民党实行无原则的让步，自动解散了党所领导的一些进步团体，使

---

[1] 张培森主编：《张闻天年谱》上卷，中共党史出版社2000年版，第506页。

当地群众运动和群众组织遭受到很大损失。10月22日，中共中央政治局召开会议，专门讨论陇东特委的工作问题。毛泽东在发言中对陇东特委迁就国民党的倾向提出了批评，他指出，对于国民党的关系，贺耀祖（国民党兰州行辕主任、甘肃省代理主席——引者）到甘肃时我们是取攻势，我们处于有利地位。后来国民党向我们反攻，我们是处于防御让步的地位，现在应积极转入反攻，不要向国民党迁就让步。[1]

原因之三，鉴于第一次国共合作的教训。中国共产党与国民党曾经有过合作的历史，即1924年至1927年的第一次国共合作。国共合作固然造成了大革命的高潮，共产党的力量及其影响也随之扩大，但这次国共合作给共产党人留下的最深印象，在很大程度上是蒋介石和汪精卫先后发动四一二和七一五反革命政变，致使大批的共产党员及其共产党的追随者、同情者遭受其残酷的屠杀。像毛泽东这样经历过第一次国共合作由兴起到破裂全过程的中共领导人，对于当年陈独秀和共产国际在处理国共关系时，在蒋介石、汪精卫的进逼面前所采取的妥协退让而造成的严重危害，有着深切的感受。因而在毛泽东、张闻天等人看来，要防止大革命失败那样的悲剧重演，与国民党再度合作时，就必须未雨绸缪，防患于未然，即在国共合作未正式形成前，开展反关门主义的斗争，而在国共合作既已实现之时，就应防止右的倾向，警惕右倾危险。

中国社会的半殖民地半封建性质，决定了中国革命属于反

---

[1] 刘益涛：《中流砥柱——抗战中的毛泽东》，中央文献出版社2005年版，第55页。

帝反封建的资产阶级民主革命。这种革命属性，决定中共必须妥善处理与资产阶级的关系。中国资产阶级分为两部分，即民族资产阶级与官僚资产阶级。民族资产阶级由于受到帝国主义与封建主义的挤压，有可能参加反帝反封建的革命斗争。但这个阶级又与帝国主义和封建主义有着密切的联系，因此，革命过程中容易分化也容易妥协动摇。一般情况下，官僚资产阶级由于其本身就是帝国主义和封建主义结合产生的社会怪胎，因而是附属于帝国主义和封建主义的反革命力量，是革命的对象之一，但由于中国是一个受到多个帝国主义侵略的国家，因而产生了不同的官僚资产阶级集团，当一个帝国主义与另一个帝国主义在中国的利益发生冲突的时候，不同的官僚资产阶级集团间也会由此产生矛盾，这种矛盾是可以为革命所利用的。因此，在特定的历史阶段，官僚资产阶级的某些集团有参加统一战线的可能。

可以说国民党原本是中国资产阶级的政治上代表。第一次国共合作期间，由于孙中山对国民党实行改组，并对他的三民主义作了顺应时代潮流的新解释，实行联俄联共扶助农工的三大政策，因而此时的国民党基本上成为工人、农民、城市小资产阶级和民族资产阶级的革命联盟，成为国共联合战线的组织形式。但是国民党的改造是不彻底的，仍有一些地主买办分子、官僚政客和南方军阀留在国民党中。因此，国共合作实现后，国民党内一些人对反帝反封建不满，他们反对孙中山的三大政策，形成老右派集团。蒋介石和汪精卫最初是代表民族资产阶级右翼，他们一开始是以左派的面貌出现，但随着国民革命的深入发展，惧怕与封建势力和帝国主义的彻底破裂，于是逐渐向帝国主义和封建势力靠拢，因而在大革命的高潮中突然背叛革命，导致大革命的失败，他们本身也就由民族资产阶级的右翼演变地主官僚资产阶级的代表，国民党也就由四个革命阶级的革命联盟变成代表地主官僚资产阶级利益的政党。

第一次国共合作本身是正确的，它有力地推进了中国革命向前发展，同时也极大地扩大了党的影响，发展了党的组织。但由于当时党还缺少革命统一战线的经验，加上共产国际的错误指导，因而在统一战线建立时没有认识到领导权问题的重要性，片面地认为既然是资产阶级民主革命，革命的领导权自然属于资产阶级，无产阶级是为资产阶级帮忙与打工的，在这一阶段革命的任务，就是帮助资产阶级取得政权。因此，在对国民党内老右派保持足够警惕的同时，却对国民党新右派缺乏正确的认识与分析，认为他们仍然是民族资产阶级的代表者。当国民党新右派不断向共产党进行挑衅的时候，处处妥协退让以企图将之留在统一战线之内，以完成资产阶级民主革命的任务，结果，在国民党新右派发动反革命政变之时陷入束手无策的境地。

一部新民主主义革命史，在一定程度上也是一部国共关系史。一般说来，在国共合作建立之前，党内容易出现关门主义的倾向，看不到国共合作的必要性；在国共合作建立后，党内容易发生右的倾向，看不到国民党内的复杂性，容易被他们中一些人的花言巧语所迷惑，在统一战线中放弃独立自主原则和领导权的争取。

实际上，在全民族抗战爆发后不久国共合作刚刚实现之时，毛泽东、张闻天就曾对为何"目前投降主义的危险在增长"作了解释。毛泽东就此解释说："一方面，中国资产阶级的妥协性，国民党实力上的优势，国民党三中全会的宣言和决议对于共产党的污蔑和侮辱以及所谓'停止阶级斗争'的叫嚣，国民党关于'共产党投降'的衷心愿望和广泛宣传，蒋介石关于统制共产党的企图，国民党对于红军的限制和削弱的政策，国民党对于抗日民主根据地的限制和削弱的政策，国民党七月庐山训练班提出的'在抗日战争中削弱共产党力量五分之二'的阴谋计划，国民党对共产党干部所施行的升官发财酒色逸乐的引诱，某些小资产阶级激进分子在政治上的投降举动（以章乃器为代表[1]），等等情况。""另一方面，共产党内理论水平的不平衡，许多党员缺乏北伐战争时期两党合作的经验，党内小资产阶级成分的大量存在，一部分党员对过去艰苦斗争的生活不愿意继续的情绪，统一战线中迁就国民党的无原则倾向的存在，八路军中的新军阀主义倾向的发生，共产党参加国民党政权问题的发生，抗日民主根据地中的迁就倾向的发生，等等情况。"[2]

张闻天认为，一个重要原因是中国共产党的斗争经验不够，党对于土地革命已有丰富的经验，而对其他斗争方式并不熟悉，而"我们与之建立统一战线的国民党是一个统治全国的党，钱、人、地位都有，它还有相当的经验"，这样，党内一些不健全的分子就可能受其影响；同时，党内"农民成分多，容易受人欺骗

---

[1] 1937年9月1日章乃器发表《少号召多建议》一文，提出："在国策还未确定的时候，我们不能不多作政治的号召，使国策能够早点确定下来。在国策已经确定的今日，我们却应该少作政治的号召，多作积极的建议，使国策可以早点充实起来。国家到了生死存亡的时候，政府既然已经有确定的国策，有点心肝的人，谁还愿标新立异以鸣高？大家应该是集中力量、培养力量之不遑，那能再存彼此派别之见，在明争暗斗中再消耗一丝一毫的国力。"

[2]《毛泽东选集》第二卷，人民出版社1991年版，第392页。

与引诱，女人、金钱、地位对有些人诱惑力很大，人家只要一灌米汤，就轻于相信"，这也是内部容易产生右倾危险的因素之一。[1]正是基于这样的认识，毛泽东、张闻天对国共合作实现后党内可能出现的右倾危险，保持着高度的警惕。

三、独立自主的山地游击战

随着全民族抗战的爆发，红军主力开赴抗日最前线摆上了日程。7月13日，毛泽东致电叶剑英，要求积极同国民党中央军、第十七路军及冯钦哉等接洽，协商对日坚决抗战之总方针及办法。并提出拟先派4000人赴华北，主力改编后出发，正向蒋介石提出要求。7月14日，毛泽东和朱德等致电叶剑英，让他通过西安行辕转告蒋介石：红军主力准备随时出动抗日，已令各军十天内准备完毕，待命出动。[2]

在北伐战争时期，北伐军主要采取的是攻坚战，一路攻城略地。土地革命时期发展起来的红军主要实行的是游击战与运动战，特别是中央苏区的第一至第四次反"围剿"战争，都是靠运动战的方式取得胜利的。第五次反"围剿"之所以失败，就在于李德和博古放弃了以往红军擅长的运动战和游击战，而采取"以堡垒对堡垒"的阵地战，即国民党军修碉堡，红军也修筑碉堡。由于红军缺少重武器和攻坚作战经验，而国民党军拥有大量火炮

---

[1]《张闻天文集》第二卷，中共党史出版社1992年版，第350页。
[2] 中共中央文献研究室：《毛泽东年谱（1893—1949）》（修订本）中卷，中央文献出版社2013年版，第2—3页。

甚至飞机坦克，导致红军既不能攻破国民党军的堡垒，又无法守住自己构筑的堡垒，造成根据地面积人口不断减少，最后不得不进行战略转移。

全民族抗战爆发后，红军即将改编并马上开赴抗日第一线，在抗战中采取什么样的作战方式，就成为一个亟待作出决策的重大问题。很显然，过去与国民党军队作战，阵地战都非红军所长，现在与武器装备、作战训练都强于国民党军的日军作战，更应避免进行阵地战。因此，7月14日毛泽东和朱德在给叶剑英的电报中，要叶告诉蒋介石："惟红军特长在运动战，防守非其所长，最特长于同防守之友军配合作战，并愿以一部深入敌后方，打其后方。"[1]这是毛泽东在全民族抗战爆发后第一次提出红军应避免阵地战，而发挥运动战与敌后游击战的特长。

7月29日，北平失守；7月30日，天津为日军所占领。从7月7日卢沟桥事变发生到平津沦陷仅为二十余天，而当时防守平津的国民党军宋哲元的第二十九军有十余万人，这使毛泽东和中共中央进一步意识到红军开赴抗日前线后，不能进行正面防御作战，也不能进行集中作战，而应当是分散的游击战。8月1日，毛泽东和张闻天在给周恩来、博古、林彪的电报中明确提出了红军的作战原则："甲、在整个战略方针下执行独立自主的分散作战的游击战争，而不是阵地战，也不是集中作战，因此不能在战役战术上受束缚。只有如此才能发挥红军特长，给日寇以相当打击。乙、依上述原则，在开始阶段，红军以出三分之一的兵力为

---

[1] 中共中央文献研究室：《毛泽东年谱（1893—1949）》（修订本）中卷，中央文献出版社2013年版，第3页。

适宜，兵力过大，不能发挥游击战，而易受敌人的集中打击。其余兵力依战争发展，逐渐使用之。"[1]

8月4日，毛泽东和张闻天又致电周恩来、朱德等人，提出要将正规战与游击战相配合，"游击战以红军与其他适宜部队及人民武装担任之，在整个战略部署下给与独立自主的指挥权"，"担任游击战之部队，依地形条件及战况之发展，适当使用其兵力。为适应游击战性质，原则上应分开使用，而不是集中使用"[2]。就在这天，周恩来、朱德、博古、林伯渠、彭德怀、任弼时等在云阳总部讨论了全国抗战及红军参战的方针问题，并共同将意见致电张闻天、毛泽东，提出《关于全国对日抗战及红军参战问题的意见》和《关于红军主力出去抗战的意见》，主张"应对参战不迟疑，但要求独立自主担任一方面作战任务，发挥红军运动战、游击战、持久战的特长""不拒绝红军主力出动，但要求足够补充与使用兵力自由"等。关于红军出动问题，主张"仍以红军主力出去"，"同时估计到持久战的需耗"，"可节约兵力，谨慎使用"，"多行侧面的运动战与游击战"；"关于红军只出三分之一问题，我们再三考虑，认为仍以红军主力出去为妥"[3]。

第二天，毛泽东和张闻天再次致电周恩来、朱德等："红军担负以独立自主的游击运动战，钳制敌人大部分，消灭敌人一部

---

[1]《毛泽东军事文集》第二卷，军事科学出版社、中央文献出版社1993年版，第20页。

[2]《毛泽东军事文集》第二卷，军事科学出版社、中央文献出版社1993年版，第22页。

[3] 中共中央文献研究室：《朱德年谱》（新编本）中卷，中央文献出版社2006年版，第654—655页。

的任务。具体要求，指定冀察晋绥四省交界地区（四角地区，不是三角地区），向着沿平绥西进及沿平汉南进之敌，以出击侧面的扰乱、钳制和打击，协助友军作战，并便于派一部远出热河，这不是'独当一面'的意思，均是在一定地区内协助正面友军作战的意思。这样提出较自由、活泼而有效。即我们事实上只宜作侧面战，不宜作正面战，故不宜于以独当一面的语意提出。"[1]在8月9日中共中央召集的各单位负责人会议上，毛泽东说："红军应当实行独立自主的指挥与分散的游击战争。必须保持独立自主的指挥，才能发挥红军的长处，集团的作战是不行的。"[2]

8月22日至25日的洛川会议国共关系和作战方针是其主题。对于红军的作战方针，毛泽东在报告中提出：红军作战地区应为冀、察、晋三省交界地域。红军的基本任务是：创造根据地；钳制和相机消灭敌人；配合友军作战；保存和扩大红军；争取民族革命战争领导权。红军的战略方针是独立自主的山地游击战，包括在有利条件下消灭敌人兵团和在平原发展游击战争。在统一战线下是相对的独立自主，但一定要争取战略方针的共同商量；游击战争的作战原则是分散以发动群众，集中以消灭敌人，打得赢就打，打不赢就走；山地战要达到建立根据地，发展游击战争，小游击队可到平原地区发展。红军主力全部出动要依情况决定，要留一部分保卫陕甘宁边区。

作战方式由过去的运动战为主转变为独立自主的山地游击

---

[1]《毛泽东军事文集》第二卷，军事科学出版社、中央文献出版社1993年版，第25页。

[2]中共中央文献研究室：《毛泽东年谱（1893—1949）》（修订本）中卷，中央文献出版社2013年版，第13页。

战，这是一个重大的战略转变。毛泽东后来在中共六届六中全会上就此分析说："这时，敌人是新的，即日本帝国主义，友军是过去的敌人国民党（它对我们仍然怀着敌意），战场是地域广大的华北（暂时的我军正面，但不久就会变为长期的敌人后方）。我们的战略转变，是在这些特殊情况之下进行的一个极其严重的转变。在这些特殊的情况下，必须把过去的正规军和运动战，转变成为游击军（说的是分散使用，不是说的组织性和纪律性）和游击战，才能同敌情和任务相符合。但是这样的一个转变，便在现象上表现为一个倒退的转变，因此这个转变应该是非常困难的。"正因为如此，对于为什么要实现这样的转变"曾经在中央和一部分军事干部之间发生过严重的争论"[1]。因此，在会议过程中有的与会者对独立自主的山地游击战方针提出了不同意见。

在会议讨论过程中，周恩来认为，关于红军的作战方针，认为"还是运动游击战好"，他主张"我们的地区，是布置敌人后方游击战争，必要时集中力量消灭敌人"[2]。任弼时认为：抗战"是长期的战争"，"红军要保持战争的领导，一方面要发挥我们特长，一方面要保持我们的力量"，"保持我们的持久的模范"，在战争中"争取独立自主"，"不失时机的在有利条件下，集中力量消灭敌人"，"所以还是独立自主的山地运动游击战"[3]。彭德怀在发言中说："一般说，运动战的可能减少了一些，但发动群众，麻痹敌人，调动敌人是可能的。游击战与运动战是密切不可分开

---

[1]《毛泽东选集》第二卷，人民出版社1991年版，第550—551页。
[2] 中共中央文献研究室：《周恩来年谱（1898—1949）》（修订本），中央文献出版社1998年版，第386页。
[3] 中共中央文献研究室：《任弼时年谱》，中央文献出版社2014年版，第345—346页。

的，同时包含政治的、群众的工作"。[1]彭德怀后来回忆说："对于毛泽东同志在洛川会议上提出的'以游击战为主，不放松有利条件下的运动战'这个方针，认识也是模糊的。没有真正认识到这是长期坚持敌后抗日战争的正确方针。我当时对于'运动战'和'游击战'这两个概念主次是模糊的。如时而提'运动游击战'，又时而提'游击运动战'。"[2]

对于洛川会议关于军事方针的不同意见，其实也是很正常的现象："当时，有一部分同志主张以运动战为主，部队开出去后先集中兵力打几个大仗，扩大我军的影响，打击日军的嚣张气焰。这些想法，也是在情理之中的。部队出征抗日就要打仗，只有打了胜仗，才能扩大红军的影响，提高人民的抗日信心，才能站得住脚，从而做发动群众的工作。毛泽东同志在会上做了耐心的解释工作，他着重从中日双方战争的特点出发，说明游击战争最能发挥我军的优势，是最有效地打击敌人的战略战术，也最有利于发动群众。洛川会议在讨论军事指导方针中尽管意见不同，但出发点都是一个，就是如何在出征以后更有力地打击敌人，更有利于我军的发展壮大。当然，它也说明同志们当时对中国革命战争的规律性、对抗日游击战争的战略地位问题在认识上有差异。以后抗日战争的实践，逐步证明了毛泽东同志的意见是正确的，是高瞻远瞩的。"[3]

洛川会议决定成立中共中央军事委员会，以加强党对军事

---

[1] 王焰主编：《彭德怀年谱》，人民出版社1998年版，第179页。
[2] 《彭德怀自述》，人民出版社2019年版，第190页。
[3] 《萧劲光回忆录》，解放军出版社1987年版，第204页。

工作的领导，中央军委由毛泽东、朱德、周恩来、彭德怀、任弼时、张浩、叶剑英、林彪、贺龙、刘伯承、徐向前等11人组成，毛泽东为书记（亦称主席），朱德、周恩来为副书记（亦称副主席）。

1935年1月，遵义会议增选毛泽东为政治局常委，取消三人团，取消秦邦宪、李德的最高军事指挥权，决定仍由中央军委主要负责人朱德、周恩来指挥军事，周恩来为党内委托的对于指挥军事下最后决心的负责者。会后中央常委分工，毛泽东为周恩来在军事指挥上的帮助者。1935年3月10日，根据毛泽东的提议成立新的三人团全权指挥军事，由毛泽东、周恩来、王稼祥组成三人团。同年8月19日，在毛儿盖的沙窝召开的中共中央政治局常委会议上，研究常委分工等问题，决定张闻天负责组织部工作，秦邦宪负责宣传部工作，毛泽东负责军事工作。中央红军到达陕北后，中共中央政治局于11月3日决定成立西北革命军事委员会，毛泽东为主席，周恩来、彭德怀为副主席。并且确定：大的战略问题，军委向中央提出讨论；至于战斗指挥问题，由军委全权决定。1936年12月7日，中华苏维埃中央政府发出关于扩大中央革命军事委员会组织（简称中革军委）的命令：以毛泽东、朱德、周恩来等二十三人为中央革命军事委员会委员；以毛泽东、朱德、周恩来、张国焘、彭德怀、任弼时、贺龙等七人组成中央革命军事委员会主席团，毛泽东为主席，周恩来、张国焘为副主席。洛川会议成立的中央军委，是党领导的武装力量的最高统帅部，毛泽东由此确立人民军队最高统帅的地位。

8月18日，蒋介石正式发表红军改编为国民革命军第八路军（随后不久改称第十八集团军），设总指挥，统辖三个师，以朱德、彭德怀为正副指挥。8月22日，南京国民政府军事委员会正式发布八路军总部所属三个师的番号，即第一一五师、第一二〇师、第一二九师。8月25日，中共中央军委发布命令，主力红军改编为国民革命军第八路军（9月12日，国民政府军事委员会又将第八路军番号改为第十八集团军，但人们仍习惯称八路军），朱德任总指挥，彭德怀任副总指挥，叶剑英任参谋长，左权任副参谋长，任弼时任政治部主任，邓小平任政治部副主任。八路军的第一一五师、第一二〇师和第一二九师，分别由原来红一、二、四方面军改编而成，以林彪、贺龙、刘伯承分任师长，聂荣臻、萧克、徐向前分任副师长。

8月下旬到9月初，八路军第一一五师和第一二〇师从陕西韩城芝川镇渡过黄河，进入山西境内，开赴抗日前线。10月上旬，第一二九师也从这里渡过黄河进入山西。随着八路军抵达抗日前线，毛泽东对八路军能否坚定不移地实行洛川会议确立的战略方针极为关注，一再强调必须坚持独立自主的山地游击战。他的这种关注是有理由的。由红军改编而成的八路军本来就擅长运动战，而全民族抗战爆发后全国人民的抗日情绪高涨，一些八路军将领也急于打一些大仗胜仗，以扩大八路军的影响，回应全国人民对自己军队多打胜仗的期盼。因此，毛泽东"担心部队挺进前线后，一些同志蛮干"[1]。他在9月17日给朱德、彭德怀、任弼时等的电报中特别提醒前方将领："红军此时是支队性质，不起决战的决定作用。但如部署得当，能起在华北（主要在山西）支

---

[1]《聂荣臻回忆录》，解放军出版社2007年版，第286页。

持游击战争的决定作用。"[1]

八路军挺进抗日前线之时，主要活动区域是山西。当时统治山西的是阎锡山，毛泽东曾对阎的处境与心态作过精准分析："阎锡山现在处于不打一仗则不能答复山西民众，要打一仗则毫无把握的矛盾中，他的这种矛盾是不能解决的。""他的部下全无决心，他的军队已失战斗力，也许在雁门关、平型关、沙河一带会被迫地举行决战，然而大势所趋，必难持久。"9月21日，毛泽东在给彭德怀的电报中明确指出："太原与整个华北都是危如累卵。个别同志对于这种客观的必然的趋势，似乎还没有深刻认识，被暂时情况所诱惑。如果这种观点不变，势必红军也同阎锡山相似，陷入于被动的、应付的、挨打的、被敌各个击破的境遇中。"为使八路军避免陷入与阎锡山相同的局面，毛泽东特别强调："今日红军在决战问题上不起任何决定作用，而有一种自己的拿手好戏，在这种拿手戏中一定能起决定作用，这就是真正独立自主的山地游击战（不是运动战）。要实行这样的方针，就要战略上有有力部队处于敌之翼侧，就要以创造根据地发动群众为主，就要分散兵力，而不是以集中打仗为主。集中打仗则不能做群众工作，做群众工作则不能集中打仗，二者不能并举。然而，只有分散做群众工作，才是决定地制胜敌人、援助友军的唯一无二的办法，集中打仗在目前是毫无结果可言的。"[2]

毛泽东对认准的事情一向抓得很紧，更何况从运动战到游

---

[1]《毛泽东军事文集》第二卷，军事科学出版社、中央文献出版社1993年版，第47页。

[2]《毛泽东军事文集》第二卷，军事科学出版社、中央文献出版社1993年版，第53—54页。

击战这样重大的战略转变。因此，他"对洛川会议所确定的战略方针是坚定不移的，唯恐在行动中由于思想不统一而出现偏差"[1]。9月25日，毛泽东就华北工作问题致电周恩来、刘少奇、杨尚昆等，再次强调："整个华北工作，应以游击战争为唯一方向。一切工作，例如兵运、统一战线等等，应环绕于游击战争。华北正规战如失败，我们不负责任；但游击战争如失败，我们须负严重的责任。""要告诉全党（要发动党内党外），今后没有别的工作，唯一的就是游击战争。为此目的，红军应给予一切可能的助力。"[2]

1937年9月中旬，为了配合第二战区国民党军作战，阻滞日军的攻势，八路军总部命令第一一五师进至山西灵丘的平型关以西大营镇待机。9月20日，日军第5师团第21旅团一部，占领灵丘县城，并继续向平型关进犯。23日，第一一五师决定利用平型关东北的有利地形，以伏击手段歼灭由灵丘向平型关进犯的日军，配合国民党军长城以内的防御作战。25日晨，日军第5师团第21旅团一部和大批辎重车辆，沿灵丘至平型关公路西进。7时许，全部进入第一一五师设伏地域，第一一五师立即抓住有利战机，突然发起攻击，乘势将日军压迫于平型关附近的狭谷之中。日军在飞机掩护下疯狂反扑、企图突围，八路军与之展开白刃格斗，激战至13时许将被围日军全部歼灭。此战共歼灭日军一千余人，击毁汽车百余辆、马车200辆，缴获大批军用物资。

---

[1]《聂荣臻回忆录》，解放军出版社2007年版，第286页。
[2]《毛泽东军事文集》第二卷，军事科学出版社、中央文献出版社1993年版，第57页。

平型关战斗沉重打击了侵华日军的嚣张气焰，振奋了全国的民心士气，提高了中国共产党和八路军的声威。

参加平型关的八路军第一一五师有第343旅2个团、第344旅1个团约6000人（当时八路军每师两旅、每旅两团）。进入第一一五师伏击圈的日军部队有两部分，即新庄淳中佐率领的第六兵站汽车队约500余人，桥本中佐临时指挥的辎重大车队近600人。进入伏击圈的日军被压缩包围在两山之间的狭谷里，因为两支日军是汽车队和辎重大车队，因而不全是战斗人员，但仍显示出很强的战斗力，敌我双方激战6小时才解决战斗。

指挥平型关战斗的林彪在战后总结说："敌人确是有战斗力的，也可以说我们过去从北伐到苏维埃战争中还不曾碰过这样强的敌人。我所说的强，是说他们的步兵也有战斗力，能各自为战，虽打败负伤了亦有不肯缴枪的。战后只见战场上敌人尸骸遍野，却捉不着活的。敌人射击的准确，运动的隐蔽，部队的掌握，都颇见长。对此种敌人作战，如稍存轻敌观念，作浮躁行动，必易受损失。我们的部队仍不善作疏散队形之作战，特别是把敌人打坍后，大家拢在一团，喧嚷'老乡，缴枪呀！'——其实，对日本人喊'老乡缴枪'，不但他们不懂，而且他们也不是老乡——这种时候，伤兵往往很多。"[1]

平型关战斗是典型的伏击战，八路军占据了绝对有利的地形，但在战斗时仍付出重大牺牲。日军第六兵站汽车队四五百人与八路军第343旅第686团反复争夺老爷庙高地，该团3营9连

---

[1] 中共中央文献研究室、中央档案馆编：《建党以来重要文献选编》第14册，中央文献出版社2011年版，第587页。

140人只幸存10余人，连排干部全部牺牲。副团长杨勇、营长邓克明身负重伤。有参战者回忆："战斗打响后，第一批伤员约有五六十人于中午过后不久便运抵师救护所。""全部收转工作持续了四五天。前后共收转了约八九百人。此外我方在战场上阵亡约二百余人；轻伤能随团队活动，不需转到后方医院治疗的伤员约三四百人。这样，战斗中我全部伤亡约一千五百余人。"[1]这场战斗的残酷由此可见一斑。

平型关这样的战斗固然可以提振全国军民抗战的信心，但由于敌我力量悬殊，如果始终采用这种作战方式，这样若干次大的战斗下来，结果也就可想而知。林彪关于平型关战斗的总结中因此特别提出："在目前兵力与技术条件下，基本上应以在敌后袭击其后路为主。断敌后路是我们阻敌前进争取持久的最好方法。如经常集中大的兵力与敌作运动战，是不适宜的。"[2]实践证明了毛泽东提出的独立自主的游击战争的正确性。

平型关战斗一结束，毛泽东在致电前方庆贺胜利的同时，又提醒前方八路军总的作战方针必须是游击战。9月29日，毛泽东就致电周恩来、朱德、彭德怀和任弼时："长城抗战仅是暂时的，而且是极短的暂时。阎必要求我军与他配合来打一二仗。为了给晋军以更好的影响，如果在确实有利的条件下，当然是可以参加的。但须计算，这仅是战役的暂时的局面，根本方针是争取群众，组织群众的游击队，在这个总方针下实行有

---

[1]欧阳奕：《平型关战斗中敌我伤亡情况》，中共灵丘县委党史研究室：《灵丘党史资料·纪念平型关大捷五十周年》，1987年编印。
[2]中共中央文献研究室、中央档案馆编：《建党以来重要文献选编》第14册，中央文献出版社2011年版，第587页。

条件的集中作战。"[1]10月中旬，毛泽东收到负责同阎锡山联络的彭雪枫的报告，称日军一部自天镇向广灵进攻，另一部自蔚县急进，阎拟集中14个团与日军进行决战，希望八路军第一一五师参加作战。10月16日，毛泽东在致电林彪并转朱德等人的电报中明确指出："我军应坚持既定方针，用游击战配合友军作战。"[2]

这年10月13日至11月2日，中日双方在山西忻州一带展开忻口战役，中国军队以伤亡10万余人的代价，歼灭日军2万余人，创造了华北战场歼敌最新的纪录。但忻口会战未能阻滞日军的进攻，11月2日，中国守军奉令撤离忻口阵地，向太原撤退。11月8日，太原失守。在太原失守的当天，毛泽东就致电周恩来、朱德、彭德怀等，强调太原失守后，华北正规战争阶段基本结束，游击战争阶段开始。"这一阶段游击战争将以八路军为主体，其他则附于八路军，这是华北总的形势。""应该在统一战线之原则下，放手发动群众，扩大自己，征集给养，收编散兵，应照每师扩大三个团之方针，不靠国民党发饷，而自己筹集供给之。"11月13日，毛泽东又致电朱德、彭德怀、任弼时并告周恩来等，指出：在华北正规战争业已结束，游击战争转入主要地位的形势下，日军不久即将转移主力向着内地各县之要点进攻。在华北的国民党各军大溃，阎锡山亦无主。八路军的"任务在于发挥进一步的独立自主原则，坚持华北游击战争，同日寇力争山西全省的大多数乡村，使之化为游击根据地，发动民众，收编溃

---

[1]《毛泽东文集》第二卷，人民出版社1993年版，第29页。
[2]《毛泽东军事文集》第二卷，军事科学出版社、中央文献出版社1993年版，第85页。

军,扩大自己,自给自足,不靠别人,多打小胜仗,兴奋士气,用以影响全国,促成改造国民党,改造政府,改造军队,克服危机,实现全面抗战之新局面。"[1]

对于毛泽东这一决策,徐向前就此回忆说:"那时,有些同志对独立自主的游击战争方针,不甚了了,总想集中兵力打仗,不愿分兵发动群众。毛主席的这一部署,十分及时,对我军坚持敌后游击战争,发展壮大自己,有重要指导意义。"[2]

红军被改编成八路军、新四军后,之所以必须从过去的运动战为主转变为以游击战为主,从根本上讲是敌强我弱的形势所决定。主力红军被改编成八路军之时,全军三个师,按编制每个师1.5万人,全军4.5万人,全军实际人数也与此不相上下。为了保卫陕甘宁边区,各师抽调一部分部队组成留守兵团,因此,改编之初开赴前线的每师估计在1万人左右。例如,八路军第一二九师由原红四方面军改编而成。改编时,全师下辖2个旅,每旅下辖2个团,全师共1.3万人。根据中央军委的决定,第385旅的770团、师属炮兵营、辎重营、特务营、工兵营留在陕甘宁边区,开赴抗日前线的有9160余人。[3]到1937年9月底,全师9367人,马445匹,骡90头;步枪3412支,马枪724支,自来德式枪529支,手枪93支,花机枪3挺,重机枪29挺,轻机枪93挺,手机枪72挺;另有迫击炮6门,刺刀55把;步马枪弹43012发,自来德枪弹2872发,手枪弹6051发,重机枪弹

---

[1]《毛泽东军事文集》第二卷,军事科学出版社、中央文献出版社1993年版,第116页。

[2] 徐向前:《历史的回顾》,人民出版社2016年版,第345页。

[3] 李达:《抗日战争中的八路军第一二九师》,人民出版社1985年版,第2页。

23222发,轻机枪弹27261发,冲锋枪弹310发,另有迫击炮67发,手榴弹203枚。[1]八路军其他各部队的人员装备也都大体差不多。1937年8月,第一二〇师全师共9595人,有迫击炮4门,重机枪35挺,轻机枪143挺,花机关枪1挺,马步枪4091支,驳壳枪788支,手枪91支,手提式冲锋枪67支,马刀2把,刺刀117把,各种子弹276955发。至于由南方红军游击队改编而成的新四军,由于长期分散游击,刚刚集中之时装备恐怕还不如八路军。

由此可见,八路军、新四军用这样劣势的武器装备,根本无法与装备精良、训练有素且深受武士道精神毒害的日军展开大规模的阵地战,更不要说展开决战。挺进敌后建立根据地之后,虽然八路军、新四军得到了大发展,但武器装备处于绝对劣势的情况并没有改变,唯有游击战才能在消灭敌人的同时保存自己。正如周恩来后来所说的:"在抗日战争时期,敌人装备好,我们只好上山,开展山地游击战。"[2]

毛泽东关于开展敌后游击战的方针,在华北地区得到了迅速贯彻。为了加强党对华北各项工作的领导,根据中共中央的指示,这年8月初,在太原组建中共中央北方局新的领导机关,由刘少奇任书记,杨尚昆任副书记。北方局积极贯彻毛泽东关于开展广泛的敌后游击战的方针。8月3日,刘少奇向张闻天报告在平津失陷后北方局给华北地区党组织的指示要点:"我们在平津附近及日军后方,应普遍发动游击战,在平津应加紧准

---

[1] 李达:《抗日战争中的八路军第一二九师》,人民出版社1985年版,第14页。
[2] 《周恩来军事文集》第三卷,人民出版社1997年版,第592页。

备，响应抗日军的武装斗争，以至武装暴动，收复平津。在我军后方，加紧统一战线的活动，组织与动员群众参战，为各地党部主要任务。准备游击战争，组织志愿兵、自卫军等。在战区，准备建立战地委员会等抗日政权。"[1] 8月21日，刘少奇在给张闻天的电报中更是明确提出北方局"工作重心应集中在乡村组织游击战争"[2]。9月21日，八路军总部到达太原。北方局向八路军的高级干部及地方党的干部明确提出：要广泛地准备游击战争，要扩大八路军到拥有数十万人枪的强大的集团军，要建立起很多根据地，我们才能担负起独立坚持华北抗战的重大任务。[3]

9月下旬，北方局根据新的形势讨论确定了在华北开展游击战争的方针任务：（一）共产党在平津的组织转入长期的秘密工作，应利用一切合法的可能保存与积聚力量，以等待和准备将来反攻时期收复平津。目前的主要任务是援助平津附近乡村中的抗日游击战争，城市工作服从乡村工作，干部人员除必须留在平津者外，应退到乡村组织游击队。（二）在冀东，应准备迅速发动抗日武装起义配合全国的抗战，并坚持游击战争。（三）在华北其他地区（我军的后方），应动员群众、动员一切力量参加抗战，支援前线；同时准备独立自主地进行游击战争。（四）

---

[1] 中共中央文献研究室：《刘少奇年谱（1898—1969）》上卷，中央文献出版社1996年版，第186页。

[2] 中共中央文献研究室：《刘少奇年谱（1898—1969）》上卷，中央文献出版社1996年版，第187页。

[3] 中共中央文献研究室：《刘少奇年谱（1898—1969）》上卷，中央文献出版社1996年版，第190页。

在华北即将失守的城市、矿山、铁路、工业区，号召工人、职员在敌人到来时，组织工人游击队，或到乡村同农民一起打游击。[1] 11月15日，刘少奇在为北方局起草的《关于目前形势与华北党的任务的决定》中再次强调："目前我党在华北就是要进一步独立自主地去领导游击战争，动员最广大的群众参加游击战争，争取广大的乡村成为游击战争的根据地，以配合华中华南的正规战争，推动国民党、国民政府及其军队的改造。""我党在华北一方面要动员人民坚决反对妥协求和的倾向，反对退却逃跑，反对国际上任何牺牲中国利益的和平方案；同时要集中全力动员群众，扩大八路军，建立游击队，争取友军。准备在极困难的条件下和日寇作长期的艰苦斗争，争取游击战争胜利的前途。"[2]

历史证明，由十年内战时期的运动战为主转向全民族抗战阶段独立自主的游击战争，毛泽东认为"这一转变关系于整个抗日战争的坚持、发展和胜利，关系于中国共产党的前途非常之大"[3]。这并非夸张之语。"因为没有独立自主，就会失去党对红军的领导权、指挥权，前途可想而知；不是着重于山地，红军便没有可靠的依托和周旋余地，充分发挥自己的战术特长，发展壮大自己；离开了游击战为主的作战形式，以几万红军去同几十万日军硬拼，那就等于送上门去被敌人消灭，这正是蒋介石求之不得的。有人主张以运动战为主要作战形式，红军兵力全部出动，

---

[1] 中共中央文献研究室：《刘少奇年谱（1898—1969）》上卷，中央文献出版社1996年版，第191页。

[2]《刘少奇选集》上卷，人民出版社1981年版，第95页。

[3]《毛泽东选集》第二卷，人民出版社1991年版，第551页。

开上去多打几个漂亮仗。毛泽东同志认为,根据现时的敌情我力,还不能那样干。他主张只出动三分之二的兵力,留下三分之一保卫陕甘宁根据地,防止国民党搞名堂。这些基本思想,表现出毛泽东的远大战略眼光及把握革命航向的非凡能力。"[1]

---

[1] 徐向前:《历史的回顾》,人民出版社2016年版,第355页。

第二章 对独立自主原则的冲击

就在毛泽东、张闻天一再强调国共合作中要防止右倾危险，八路军的作战方针应该坚持独立自主游击战争之际，长期在共产国际工作的王明，从莫斯科回到了延安，并带回了共产国际关于统一战线的指示与精神。在随后召开的两次中共中央政治局会议上，王明夸大国民党在全民族抗战后的变化，强调"一切通过统一战线"，实际上放弃统一战线的独立自主原则。毛泽东后来说："十二月会议我是孤立的，我只对持久战、游击战为主、统一战线中独立自主原则是坚持到底的。"[1]

一、"马克思给我们送来了天兵天将"

众所周知，在土地革命战争中后期，王明曾犯过"左"倾教条主义的错误。1945年4月扩大的中共六届七中全会通过的《关于若干历史问题的决议》中说："党内一部分没有实际革命斗争经验的犯'左'倾教条主义错误的同志，在陈绍禹（王明）同志的领导之下，……实际上是提出了一个在新的形态下，继续、恢

---

[1] 中共中央文献研究室：《毛泽东年谱（1893—1949）》（修订本）中卷，中央文献出版社2013年版，第480页。

复或发展立三路线和其他'左'倾思想'左'倾政策的新的政治纲领。这样，'左'倾思想在党内就获得了新的滋长，而形成为新的'左'倾路线。"[1]因此，在党史著述中，习惯将1931年1月中共六届四中全会至1935年1月遵义会议前这4年的时间，称为王明"左"倾教条主义统治党的时期。

中共六届四中全会前，王明（又名陈绍禹）在党内地位并不高。王明1925年入党，旋即被党组织派往苏联莫斯科中山大学学习。1929年4月，王明从莫斯科回国工作后，一开始被分配到上海沪西区委，在区委书记何孟雄领导下任宣传干事，兼做《红旗》报通讯员。同年7月，被调任沪东区委宣传部长；10月，被调任《红旗》报编辑。次年3月，他被调离党中央宣传部机关，到全国总工会宣传部任《劳动》三日刊编辑；8月中旬，王明被下放到江苏省委宣传部当干事。在六届四中全会上，由于共产国际远东局负责人米夫的支持，王明被选举为中央委员、中央政治局委员。这次全会不久，中央政治局召开会议讨论决定分工和常委人选。根据共产国际远东局提议，王明被增补为中央政治局候补常委。同年3月28日，鉴于中央政治局常委张国焘要前往鄂豫皖根据地工作，王明被递补为中央政治局常委。

在当时的政治局常委中，向忠发虽然是主席，但他是武汉工人出身，是因为中共六大时共产国际过分强调中央领导层中的工人成分，才得以担任政治局及常委会的主席的，他的文化水平、理论水平及实际能力和影响力，都决定了他实际并不是中共中央真正的主要领导人。中共六大后，实际主持中共中央工作的是周

---

[1]《毛泽东选集》第三卷，人民出版社1991年版，第961—962页。

恩来（中央政治局常委、中央秘书长），1930年夏，周恩来去莫斯科向共产国际汇报工作，接替周恩来主持中共中央工作的是李立三。李立三因在主持中共中央工作期间犯了"左"倾冒险错误，在1930年9月的中共六届三中全会后离开了中央领导岗位，中共中央工作又由从莫斯科回国的周恩来、瞿秋白主持。1931年6月向忠发违反秘密工作纪律，遭国民党上海警备司令部逮捕后随即叛变，而蒋介石觉得向没有多大利用价值，旋即下令将其处决。在中共六届四中全会上，周恩来和瞿秋白受到了米夫的批评与指责，瞿秋白被解除了中共领导职务，周恩来虽然仍保留政治局常委的职务，但因为他与瞿秋白共同主持了三中全会，因而被米夫认为犯了所谓调和主义的错误，很难开展工作。而王明不但领导职务上成为了政治局常委，而且得到了共产国际的支持。张国焘虽然也是政治局常委，但他在四中全会后才从苏联回国，而且这年4月就去了鄂豫皖根据地，在中共中央工作的时间没有多久。因此，中共六届四中全会后，不管王明是否主持过中央政治局工作，这一段时间，王明都是中共中央的核心人物。

同年9月中旬，王明准备前往莫斯科担任中共驻共产国际代表。当时周恩来也将前往中央苏区，在上海的中央政治局成员不够半数，于是共产国际远东局提议成立中共临时中央政治局，王明则提议由博古进入中央负总责。商量的结果是由博古、洛甫、康生、陈云、卢福坦、李竹声6人组成临时中央政治局，随后报共产国际批准。这个时候的博古年仅24岁，在六届四中全会上，未能进入中央委员会。这年3月原共青团中央局书记温裕成因经济问题而被撤职，博古继任团中央局书记。由此可见，没有王明的大力支持，就没有博古在党内的地位。加之在后来著名的延安整风运动中,博古诚恳地检讨了自己曾经所犯过的错误,作了深刻的自我批评,而王明不但不作自我批评,也拒绝别人的批评。因此,1945年4月中共六届七中全会通过的《关于若干历史问题的决议》中,王明成为土地革命战争中后期"左"倾教条主义的代表性人物。

王明1931年11月抵达莫斯科后,担任中共驻共产国际代表。在1933年11月至12月举行的共产国际执委会第十三次全会上,他当选为共产国际执委会主席团委员和执委会政治书记处书记,成为共产国际领导层成员。王明入党之后,长时间在苏联与共产国际学习与工作,缺少革命斗争的历练与锻炼,亦对国内的情况缺乏起码的了解,而从苏联回国后不久就迅速进入中央领导层,并且一段时间成为中共中央实际上的主要负责人,随后又成为共产国际领导层成员,这就使王明不但自我感觉良好,而且容易想当然。

应当承认,王明对抗日民族统一战线也做过一些工作。1935年7月下旬到8月中旬,共产国际召开第七次代表大会,提出要建立反法西斯统一战线。根据共产国际的政策转变,8月7日,王明作了《论殖民地和半殖民地的革命运动与共产党的策略》的长篇发言。其中说,"在目前的中国,反日本帝国主义的人民统一战线问题,不仅具有头等的意义,而且我们可以说,具有决定一切的意义",要"极彻底地、极大胆地、极广泛地和极坚决地"运用反日民族统一战线的政策,"以便把全中国人民在最短期间内真正联合起来,去进行抗日救国的共同奋斗"。这个发言还强调了统一战线中的无产阶级领导权,提出"共产党员应当进行有系统的、不顾牺牲的实际斗争,去夺取这种领导权"[1]。

共产国际七大期间即8月1日,中共驻共产国际代表团以中华苏维埃中央政府、中国共产党中央委员会的名义,发表《为抗日救国告全体同胞书》即《八一宣言》,强调:"无论各党派间在过去和现在有任何政见和利害的不同,无论各界同胞间有任何意见上或利益上的差异,无论各军队间过去和现在有任何敌对行动","大家都应当有'兄弟阋墙外御其侮'的真诚觉悟,首先大家都应当停止内战,以便集中一切国力(人力、物力、财力、武力等)去为抗日救国的神圣事业而奋斗"。[2]宣言明确提出了建立抗日民族统一战线的主张,在国内外都产生了较好的社会影响。

共产国际七大后,即8月25日至27日,中共驻共产国际代表团开会,讨论中国建立抗日民族统一战线问题。在会上,王明作了《为争取建立反帝统一战线和中国共产党的当前任务》的报告,较早地提出了联蒋抗日的思想。说只要"他真正停止反对红军的战争并调转枪头去反对日本帝国主义者",就不排除同蒋介石建立统一战线的可能性。同年11月7日,王明在《救国时报》发表《答反对反帝统一战线者》一文,明确提出了"联蒋抗日"的思想。文章说:"虽然他(蒋介石)作了无限卖国殃民的罪恶,但是,如果他真正停止与红军作战,并掉转枪头去反对日本帝国主义的话",那么,我们"不但给他以向人民和国家赎罪的自新之路,而且准备与他及南京军队一起,在共同的一条战线上,去

---

[1] 中央档案馆:《中共中央文件选集》第10册,中共中央党校出版社1991年版,第731、740、765页。
[2] 中共中央文献研究室、中央档案馆:《建党以来重要文献选编(1921—1949)》第12册,中央文献出版社2011年版,第265页。

反对日本帝国主义"。随后，王明提出中国共产党的新政策是"建立抗日救国的统一战线"，不仅要"组织国防政府和抗日联军"，而且责成全党和一切苏维埃"组织各种各样形式的反帝斗争和统一战线"。

王明虽然较早地提出必须建立抗日民族统一战线，也强调在统一战线中共产党应当保持政治上组织上的独立性，但他对统一战线的独立自主原则没有深刻认识，反而提出一些实际上放弃统一战线独立自主原则的观点。例如，1936年7月，王明撰写《新中国论》（又名《为独立、自由、幸福的中国而奋斗》）一文，提出"如果蒋介石今天能够同意与我们进行共同斗争去反对外国仇敌对于我们国家和人民利益底侵犯，那末，为的反对共同的和强大的敌人，为什么我们不可以与蒋介石建立统一战线呢？"文章也强调了共产党在抗日民族统一战线中要保持政治上和组织上的独立性，强调了所有参加抗日联军的武装力量，保存其原有的政治制度和组织制度，保存其原有的军官成分和政治工作人员成分，没有得到同盟方面自愿的同意，任何一个参加联军的部队，没有权力去干涉另一个参加部队的内部事情。但文章又片面地提出"每个参加联军的队伍，担任全部战线的一定防线，在完成总的抗日军事计划时，均服从统一的军事指挥"。他在1937年9月出版的《救国时报》上发表的《日寇侵略的新阶段与中国人民斗争的新时期》一文，更是提出"必须要建立包括有全中国各种武装力量（南京中央军、各省地方军、抗日人民军、东北抗日联军等等）而同时有统一指挥、统一纪律，统一供给和武装，以及对敌作战有统一军事计划的全中国统一国家军队"，即所谓的"五统一"。

问题是，当时国共力量不对等，西安事变前蒋介石虽然也通过不同的渠道同共产党方面进行接触，但其目的并不是为了与共产党共同建立抗日民族统一战线，而是以为红军经过第五次反"围剿"失败和长征之后人数大减，已成为疲惫之师，加上各路红军会集到西北贫瘠之地，生存都会成为大问题，他可以通过政治手段解决共产党问题。即是说，他不是要与共产党进行平等的合作，而是企图让共产党向他投降。即使西安事变蒋介石不得不同意停止内战联红（军）抗日，抗日民族统一战线初步形成后，在国共谈判中他仍然企图以各种手段限制和削弱共产党的力量。在这样的情况下，王明提出统一指挥，只能是共产党的军队接受国民党特别是蒋介石的指挥，而国民党的军队共产党却无法指挥。失去对军队的领导权，统一战线领导权和独立自主原则，都会变成一句空话。

　　全民族抗战爆发前后，共产国际和苏联领导人对中国的抗战形势十分关注。"在德、意、日法西斯战争危险日益加剧的情况下，苏联为了避免两面作战的被动局面，急需在东方寻找一个力量阻止日本帝国主义对苏联的入侵。当时斯大林认为，中国共产党的力量还比较弱小，不足以完成这一任务，只有蒋介石和国民党才能完成这一使命。"[1]为了能使中国拖住日本，使日本无力从东北向其远东地区发动进攻，在苏联领导人看来，就必须使中国内部统一起来，特别是共产党与国民党必须结束敌对状态。早在1936年7月，共产国际执委会就提出"现阶段一切都必须服从反日本法西斯军阀的斗争"，"在当前情况下，中国爆发任何内战

---

[1] 周国全、郭德宏、李明三：《王明评传》，安徽人民出版社1989年版，第291页。

都有助于日本强盗的黑暗勾当"。[1] 1937年春，中苏恢复了中断的外交关系。1937年8月20日，苏联政府又同南京政府签订《中苏互不侵犯条约》，规定"倘若缔约国一方受一个或数个第三国侵略时，彼缔约国约定在冲突全部期间内，对于该第三国不得直接或间接予以任何协助，并不得为任何行动或签订任何协定致该侵略国得用以施行不利于受侵略之缔约国"。苏联政府还给国民党政府相当积极的军事援助。

1937年8月10日，共产国际执委会书记处开会，讨论中国国内形势和中共政策。共产国际执委会总书记季米特洛夫在发言中，对中国共产党的成绩作了肯定。他说："中国党面临的问题异常复杂，而党的处境十分特殊。""曾作为中国红军领导者的中国共产党，正在进行重要转折。你们找不到共产国际的任何一个支部，像中国共产党这样，面临如此复杂的局面并在几年之内于政策和策略上完成了如此重要的转折。它为在中国建立苏维埃、为建立苏区而奋斗，成立了苏维埃政府，建立军队，为实行苏维埃化争取了蒋介石的部分军队，等等。""党的干部，党的经费，党的力量——可以说，如果不是百分之百地也是百分之九十集中在这些苏区。它在反对南京政府的武装斗争中培养了干部，优秀的干部成长起来了，一批政治活动家也成长起来了。"

季米特洛夫接着说："然而，现在要离开这个方向，党的政策和策略要在这个时候来一个一百八十度的转弯。那么还是这

---

[1] 周文琪、褚良如编著：《特殊而复杂的课题——共产国际、苏联和中国共产党关系编年史（1919—1991）》，湖北人民出版社1993年版，第294页。

些干部,不是别的政党,不是换新的人,还是这些党员,这些群众,却要去执行另外一种政策。""这样一来,我们中国同志和中国党就会遇到很大的艰难险阻,因为蒋介石及其亲信会耍弄各种手腕。不难想象,我们党面临的是何等严重的险象环生的局面。这就必须给予帮助,派人去帮助,从内部加强中国的干部队伍。要帮助中国共产党,使它能在国民党地区把自己的力量组织起来,加强党在国民党地区对工人阶级的影响。"在共产国际领导人看来,中国党国内现有的干部,还很难承担这种重大转变的重任,必须加强中国党的干部队伍,而"国外现在有这样的干部,他们能够帮助党"。

季米特洛夫还说:"如果我们能够稍微详细地剖析中国党的文件,那么我们还能再指出一些不妥当的观点,它们包含着使党和党的干部堕落,解除思想武装的危险,会使党在一定程度上迷失方向。这里有些东西应予纠正,但我们在这里是鞭长莫及。为此必须派一些新生力量,一些熟悉国际形势的人去帮助中国共产党中央委员会。中国共产党本身也需要得到帮助。"[1]这也就是共产国际为什么要在全民族抗战爆发后将王明、康生派回国内的原因。在共产国际看来,王明就是这样的"新生力量"。

9月下旬,季米特洛夫致电中共中央,提醒中共领导人在统一战线和国共合作问题上,要提出适当的口号与要求,不要太高太左,要坚持以现在抗日的国民政府为基础建立统一

---

[1] 中共中央党史研究室第一研究部编:《共产国际、联共(布)与中国革命文献资料选辑》第十七册,中共党史出版社2007年版,第501—503页。

的国防政府,不要设想另外建立各党派联合政府;要树立国共长期合作,在三民主义的基础上共同实现议会制的民主共和国的思想,不要作一时的打算和提出社会主义的目标;对国共合作要坚持"互相帮助、互相发展"的原则,不要提出谁领导谁的问题。[1]

10月10日,共产国际执行委员会书记处作出关于中国问题的决议,其要点是:

(一)随着全中国武装抗日的开始和建立民族统一战线的顺利进展,标志着中国人民斗争的新时期来临,为此,"党必须重新分配自己的人力和物力,以便在主要城市和战略中心建立党的组织,并且必须根本改变党的工作、领导和组织的形式和方法,从而使党能够以全副精力在各劳动群众组织中进行工作和发挥作用"。

(二)新时期党最重要的任务之一,是对原有的干部进行政治、军事和新工作方法的再教育,从积极分子、群众革命运动的领导人中首先从工人中提拔新干部。

(三)通过对国民党和南京政府施加影响和群众运动的办法,争取党在所有的国民党区域开展活动合法化,并十分重视在大城市创办合法的群众刊物。

(四)党必须加强在工人和工会中的工作,并尽可能地吸收他们积极参加抗日和民族统一战线。

(五)在改编红军为国民革命军和全国军队的一支部队的条

---

[1] 周文琪、褚良如编著:《特殊而复杂的课题——共产国际、苏联和中国共产党关系编年史(1919—1991)》,湖北人民出版社1993年版,第327页。

件下，务必设法保持这支部队的战斗力、它的团结和它对中国人民解放事业的绝对忠诚，设法扩充军队，并以战斗行动表明，这支军队是全国军队中最进步、最富牺牲精神和战斗力最强的队伍，要赢得人民的信任和在友军中的影响。

（六）应当坚定不移、始终不渝地执行抗日民族统一战线政策和尽一切努力全面巩固统一战线，因为它是战胜日本帝国主义最重要的条件。[1]

在确定王明回国工作之后，斯大林和季米特洛夫于11月11日在克里姆林宫同王明及康生、王稼祥作了一次谈话。康生是1933年7月从国内前往莫斯科参加中共驻共产国际代表团工作，并于1935年11月当选为共产国际执委会主席团候补委员。王稼祥因在江西中央苏区时负伤，1937年初从陕北出发前往莫斯科治病，这年7月到达莫斯科。据季米特洛夫日记所载，斯大林在谈话中就中国问题说了这样一些意见：

——对于中国共产党现在基本的问题是：融入全民族的浪潮并取得领导地位。

——现在主要的问题是战争，而不是土地革命、没收土地。中国共产党人从一个极端走到另一个极端——以前是没收一切，现在是什么都不没收。

——口号就是一个："争取中国人民独立的胜利战争。""争取自由中国，反对日本侵略者。"

——中国人怎样打击外部敌人——这是决定性的问题。当这

---

[1] 中共中央党史研究室第一研究部编：《共产国际、联共（布）与中国革命文献资料选辑》第十七册，中共党史出版社2007年版，第511—512页。

一问题结束时再提出怎样互相打的问题!

——现在中国人所处的条件比我们在1918—1920年时的条件更加有利。当时在我们这里,国家在社会革命方面是被分割的。在中国,民族革命、争取民族独立和自由,把国家和人民团结起来了。

——中国有巨大的人力资源,我认为蒋介石说中国将取得胜利是对的。只是必须在已经打响的战争中坚持下来。

——因此必须创建自己的军事工业。生产飞机。飞机容易生产,但是运输很困难。(我们会提供制造飞机的材料!)必须创立飞机制造业。还要生产坦克。(制造坦克的材料我们能够提供!)如果中国有自己的军事工业,谁都不可能战胜它。

——八路军必须要有30个师,而不是3个师。这可以通过建立后备团的形式做到,以便补充现有的师。必须建立新的团队。要日夜进行军事训练。

——在八路军还没有炮兵的时候,它的策略不该是直接进攻,而应该是骚扰敌人,把他们引进自己一方并在后方打击他们,必须炸毁日本军队的交通线、铁路桥。

——不管英国还是美国,它们都不愿意中国胜利。出于它们帝国主义的利益,它们害怕中国胜利。中国的胜利将影响印度、印度支那等。它们希望日本由于打仗而削弱,但是不允许中国站起来。它们希望有日本这条拴起来的狗吓唬中国,就像过去吓唬沙皇俄国那样,但是不希望这条狗有独吞猎物的可能。

——对于中国的党代表大会来说,讨论理论问题是不适宜的。理论问题可以往后放放,等到战争结束以后。谈论中国发展的非资本主义道路,现在比起过去,机会更少了。

——建立民族革命联盟的问题迟迟未决。

——在武汉的八路军和党的合适的代表。[1]

关于这次会见时斯大林谈话的主要内容,王稼祥后来还讲到了这样几个细节:"当我进入斯大林办公室时,我被介绍说,这是不久才从陕北来到莫斯科的。斯大林就问红军有多少人?我说,在陕北约3万人。王明就插上来说是30万,因为俄文中没有'万'字,而是说30千或300千。斯大林就说,重要的是红军每个战士都是真正的战斗员,而不是吃粮的。后来谈话就涉及同国民党的统一战线。斯大林曾说,不要害怕共产党会淹没在民族解放斗争中,共产党人应该积极地参加到民族解放斗争中去。""当王明问中国革命战略阶段时,斯答复现在主要的是打日本,过去这些东西现在不要谈。当谈到军事工业问题时,斯说没有大炮是很困难的,苏联愿给以帮助。谈到政权问题时,斯说将来你们军队到了那里,政权也会是你们的。谈到战略问题时,斯说打日本不要先打头,这实际上便是要打游击战争。"[2]

这年11月29日,王明、康生乘苏联运输机经迪化(今乌鲁木齐)回到延安。同机到达延安的还有陈云。1935年5月底,中共中央决定派陈云到上海恢复白区党的组织。8月,陈云到了上海,中共驻共产国际代表团鉴于中共上海地下组织破坏严重,陈云在上海难以立足,指示其赴苏联。同年9月底,陈云抵达莫斯科,旋即参加中共驻共产国际代表团的工作。1937年4月,陈云以中共驻新疆代表的身份到达迪化,处理西路军余部问题,开展

---

[1]《季米特洛夫日记选编》,广西师范大学出版社2002年版,第60—61页。
[2] 徐则浩:《王稼祥对六届六中全会的贡献》,《文献与研究》1986年第4期。

对新疆军阀盛世才的统战工作。

对于王明等人的回国,中共中央和毛泽东十分重视。毛泽东、张闻天、周恩来、博古等在延安的中央领导人前往延安机场迎接,参加欢迎仪式的还有延安的机关、部队及延安各界的群众上千人。据曾参加欢迎仪式的人回忆:

> 初冬的陕北黄土高原已相当寒冷,欢迎的队伍整齐地排列在机场上。以毛泽东为首的党中央首长们,骑马到机场时,全场响起雷鸣般的掌声。口号声、欢呼声,雄壮的歌声,此起彼伏,响彻云霄。
>
> 嗡、嗡、嗡的声响,自空际传来,由远而近,不多时,一架银灰色的飞机,出现在延安城的上空,转了一个大圈子,然后徐徐降落。随着舱门打开,从舷梯上走下来四个人,除三位中央领导外,还有一位苏联朋友。他们身穿飞行员皮夹克,头戴毛茸茸的黑色大皮帽。毛泽东神采奕奕,满脸笑容,走上去和来者一一拥抱,互致问候,其他首长也都一拥而上。陈云特地把大皮帽摘下来,硬是给毛泽东戴在头上,自己换了布棉帽。我第一次看到这样热烈的场面,也是第一次看到毛泽东如此高兴。整个会场沉浸在欢乐的海洋中,领袖们的热诚友爱,亲密无间,显示着党中央领导人磐石般的团结,显示着中国革命事业前程似锦,胜利在望。
>
> 陕甘宁边区政府主席林伯渠主持了这次欢迎大会,毛泽东致欢迎词,题目是《喜从天降》。他说:今天是我党大喜的日子,中央三位领导同志,在日本发动侵略战争,国难当头的关键时刻,骑着仙鹤,腾云驾雾,从昆仑山那边飞回来

了。久别重逢，家人团聚，共商抗日救国大计，这不是喜从天降吗？同志们会问：他们去昆仑山那边做什么呢？我的回答是：到西天取经。你们都知道中国有一部著名小说，叫做《西游记》，里面讲唐僧师徒四人，历尽艰苦，克服困难去西天取过经，却不知中国共产党也派人去西天取经，唐僧去的西天叫天竺国，就是现在的印度，他们取的经是佛经。咱们去的西天是苏联，取来的经是马克思列宁主义。这本经可比唐僧的经用处大，它告诉全世界无产者和一切被压迫民族联合起来，推翻旧的社会制度，建立没有压迫、没有剥削的共产主义美好新社会。我们要好好学习这本经，认真贯彻这本经，根据这本经的精神去干工作、闹革命。真正精通了这本经，革命就一定能胜利，新社会就一定能建成。"[1]

后来成为陈云夫人的于若木，也在这支欢迎的队伍中。她在一篇怀念陈云的文章中这样写道："那年11月29日下午，忽然听到防空警报的号声，我们赶紧向隐蔽处跑。还没跑到，就听女生队长大声喊：不要跑了，这是自己的飞机。于是，我们又向着飞机场跑去。可跑了没有几步，又传来命令，说不要去机场了，就在陕北公学的操场开大会。我们便回到宿舍，扛上自己的木凳子去操场集合。只见毛主席、朱老总、张闻天等中央领导人，陪着从飞机上下来的几位从苏联和新疆到延安的领导同志，在众多群众的簇拥下走了过来。为了让大家看清楚他们，用几张方桌临时搭了一个主席台。毛主席就站在这个主席台上宣布欢迎大会开

---

[1] 曹慕尧：《聆听毛泽东在延安的五次讲话》，《炎黄春秋》2001年第3期。

始,并首先致欢迎词。他用浓重的湖南口音,充满喜悦和激情地说:'今天马克思给我们送来了天兵天将,真是喜从天降!'他不断地重复'喜从天降'四个字,也不断地把自己的帽子抛向空中。随后,他向在场的群众一一介绍了王明、康生、陈云等,他们三人也先后发表了即兴演说。"[1]

张国焘也在其回忆录中说:"我们到达飞机场,毛泽东、张闻天等也同时到了,我们站得远远的;机场已有相当的戒备,似乎都不知道飞机里面载的是甚么人物。大概毛泽东早已接到了莫斯科的电报,告以王明等要来,毛并未公布;王明等回来的确实日期和如何来法,连毛泽东也不知道。直等到王明从飞机走出,陈云、康生也跟着下来,我们才急步上前,彼此握手拥抱。当时一堂欢叙,所谈都是高兴的事。我已有八年没有看见王明,陈云大约十二年没见,康生也有六年半了。叙起旧来,材料当然特别多。这种欢欣鼓舞的气氛,似乎以前延安从未有过。"[2]

从这些回忆可以看出,毛泽东对王明等人回国工作是发自内心地欢迎。一方面,从1931年11月中央苏区党组织在瑞金召开第一次代表大会(即赣南会议)开始,毛泽东在中央苏区遭受排挤,但此时王明已经离开国内。赣南会议把毛泽东的反对本本主义的正确主张,指责为"狭隘的经验论";把"抽多补少、抽肥补瘦"原则,指责为"富农路线";指责红军"没有完

---

[1] 于若木:《一个高尚的人,一个纯粹的人——追念陈云同志》,《缅怀陈云》,中央文献出版社2000年版,第300页。

[2] 张国焘:《我的回忆》第三册,东方出版社1991年版,第417—418页。

全脱离游击主义的传统"，忽视"阵地战""街市战"。这次会议后，成立中华苏维埃共和国中央革命军事委员会（简称"中革军委"），毛泽东仅是15人组成的中革军委成员而非主要领导人。中革军委成立后，取消了红一方面军总司令、总政委，毛泽东担任的红一方面军总政委、总前委书记的职务自然被免除，实际由此开始排挤毛泽东在中央苏区对红军的领导。但是，赣南会议召开的时候，王明已经前往共产国际工作，毛泽东与王明之间没有发生过直接的矛盾与冲突。另一方面，王明长期在共产国际工作，而且进入了共产国际领导层，在抗日民族统一战线上也曾发挥过一些积极作用。因此，包括毛泽东在内的中共中央领导层，对王明的回国自然高度重视。

二、"一切服从抗日民族统一战线"

由于王明带回了共产国际的指示，中共中央政治局决定召开一次会议，听取王明对共产国际指示的传达，讨论抗战形势和国共关系诸问题。

会议于12月9日召开，12月14日结束。日程主要有三：（一）政治报告；（二）组织问题；（三）南方三年游击战争报告。出席会议的有中共中央政治局成员张闻天（洛甫）、毛泽东、王明（陈绍禹）、康生（赵容）、陈云、周恩来、博古、彭德怀、凯丰、刘少奇、项英、张国焘。不是政治局委员的林伯渠列席了会议。政治局委员朱德、任弼时在山西抗日前线，王稼祥在王明、康生回国后留莫斯科主持中共驻共产国际代表团工作，邓发在迪化接替陈云任中共驻新疆代表，故而他们未参加会议。

会议首先由张闻天作关于目前政治形势和党的任务的政治报告。张闻天"肯定洛川会议的决定是正确的，总结了共产党在争取抗战胜利中已经取得的成绩"[1]。这些成绩包括：国共合作成立，打开了统一战线的局面；提出了抗日救国十大纲领，在全国影响很大，并已在山西开始实行；八路军在华北起了阻止日寇进攻的作用，在抗战中起了模范作用并组织了新的民众武装；党在各省的组织开始或正在恢复，许多地方取得了公开活动，扩大了阵地。报告也认为，工作中当然也存在对统一战线的成绩估计不够、对党的统一战线策略的了解还不深刻、动员群众的力量还薄弱、党员还不能深入群众中去、党的组织力量还薄弱、组织力量赶不上政治影响、有工作能力的干部缺乏等弱点。

张闻天在报告中提出，中国共产党在坚持抗战、争取抗战胜利中的中心任务，一是坚持与巩固抗日民族统一战线。只有抗日民族统一战线才能打倒日寇，统一战线高于一切，统一战线的核心是国共合作，用一切力量巩固国共合作。应该是在统一战线中使国民党与共产党的力量，大家强固起来，反对宗派主义。开展反对投降主义和关门主义的斗争。共产党在统一战线中保持组织的独立性与批评的自由是必要的，保持对苏区与红军的领导，保持动员与组织群众的自由，也是必要的，否则就是投降主义，但独立自主不是脱离和破坏统一，而是要在统一战线中去实现，不能将独立自主与统一战线对立起来，否则就是关门主义。

二是为建立统一的国防政府而斗争。现在的政府有国防政府的必需条件，即已经开始抗日，但还只是一党专政的政府，还有

---

[1] 程中原：《张闻天传》，当代中国出版社1993年版，第399页。

严重弱点，因此这个政府有改造为统一的国防政府的必要，但这是改造而不是推翻现政府。

三是为建立与扩大统一的国民革命军而斗争。应帮助政府改造现有军队，并扩大之；扩大八路军新四军，改善其技术装备，加强党的领导，使之在国防军中起模范作用；动员党员到军队中去，利用自己的地位影响其他将士，改变军队的质量；努力建立和扩大国防工业等。

四是组织千百万群众到抗战中去。民生民主问题的争取应服从抗战，应学会自上而下与自下而上地开展群众运动，应动员大批党员下决心到群众中去。

五是坚持华北的抗战。要在华北创建根据地、扩大军队、建立政权、做出一个好的模范影响全国。在没有旧政权的地方建立统一战线政府，在旧政权还存在的地方利用一切方法改造旧政权，在没有指挥系统的地方建立统一的指挥部，扩大统一战线到最广泛的阶层，帮助国民党在华北建立党部。

六是建立全国的共产党。党应从苏区与红军转向全国，争取党在全国的公开地位，吸取新党员建立新组织，在武汉成立中央局统辖南中国党的工作，建立全国公开的党报及其发行网等。[1]

此外，张闻天还讲到了干部政策和"反对托派匪徒的斗争"的问题。

接着，由王明作《如何继续全国抗战与争取抗战胜利呢》的报告。王明的报告有一个书面的大纲，他另在会上作了个口头报告。按照一般中共党史著述的说法，这次会议是抗战初期王明右

---

[1]《目前的政治形势与党的任务——1937年12月9日洛甫在政治局的报告大纲》。

倾投降主义[1]形成的起点和标志。那么,王明究竟在会上说了些什么,现对其报告的内容作些摘录。

王明首先讲的是怎样实现党的策略问题。他说:在目前第一个危险是发生了一部分人怀疑抗战的胜利;第二个危险是抗战没有出路,汪精卫认为胜利了是共产党,失败了是日本。因此,目前决定中日战争胜负的根本因素有这样一些:

第一是决定中国人民的团结与统一,今天在抗战中全国人民更加团结统一起来,国民党在抗战中有进步的表现:其一,南京政府开始走向统一的政府;开始实行国防政府的任务。其二,表现为全国军队的统一指挥,没有统一的国防军和统一的正规军是不能战胜日本帝国主义的,游击战不能战胜日本。其三,表现为中国政府开始走向民主自由,救国运动在各地发展。这是全国人民争取抗战胜利的开始。上述三点,说明中国民族开始走向团结统一,开始走向统一的军队与政府,这是向着好的方面发展的,是基于国共合作上得来的。

第二个因素决定于日本帝国主义内部的矛盾。日本帝国主义有准备地进攻中国,但有许多缺点:首先是财政困难,每日要二百万至三百万。其次是军事原料很缺乏。再次,日本国内矛盾是日益发展的,群众反战反法西斯斗争很激烈。即法西斯内部也不统一。复次,日本的后方不巩固,"满洲""高丽"等日本后方有变为前线的危险。最后,日本军队战线太长。

第三,国际对于中国抗战的援助。在英国,工党中表示反对

---

[1] 2002年出版的《中国共产党历史》第一卷的表述是王明右倾错误,不再称其为右倾投降主义。

日本进攻中国，法国工会也反对日本，特别是美国工党反对日本，这有可能形成国际工人的统一战线来反对战争，反对法西斯对中国的进攻。其次是各国对中国也有同情，英国站在它的利益上反对日本进攻，孔祥熙到英国购买了几十架飞机，德国并不希望日本完全占领中国。在大革命时中国的困难是反对一切帝国主义，现在国际形势改变了。

王明就此总结说，以上三个条件也是三个因素，对中国是有利的。

接下来，王明讲到了四个月来抗战的经验教训，实际上主要是论述统一战线即国共关系问题。王明说，我认为现在抗战部分的失败，还不能说根本的失败，现在中日战争还不是决定胜负的战争，部分土地的丧失不是全部的丧失，主要问题是放在争取最后的胜利。王明接着说：

目前的中心问题是如何争取抗日战争的胜利，如何巩固统一战线，即如何巩固国共合作问题。我们党没有人破坏国共合作，但有同志对统一战线不了解，是要破坏统一战线的。

今日统一战线究竟是什么内容，现在的革命的主要任务是打击日本帝国主义，革命的动力是工农小资产阶级、民族资产阶级，革命的目的是建立民主共和国，即不是苏维埃，与过去苏维埃阶段是不同了的。为什么要这样改变，因为中国到了生死存亡的时候，中国抗战的力量是团结中国人民的力量，蒋介石是中国人民有组织的力量，如果不联合蒋介石，客观上等于帮助日本。

民族统一战线的国共合作的内容：（一）各党派的合作；（二）建立全国统一的军队；（三）建立统一的政权。

统一战线是包含两个或两个以上党派的合作，今日中国共产党帮助谁，谁是朋友，就是要看谁抗日还是不抗日。决定敌友主要标准是抗日还是不抗日，不应以其他条件为友敌。

在统一战线中，国共摩擦是不可免的，我们不要害怕也不要企图完全消灭摩擦。

统一战线中两党谁是主要力量？在全国政权与军事力量上，要承认国民党是领导的优势的力量。我们不能提出要国民党提高到共产党的地位，共产党也不能投降国民党，两党谁也不能投降谁。现在不能空喊资产阶级领导无产阶级或无产阶级领导资产阶级问题，这是将来看力量的问题，没有力量，空喊无产阶级领导是不行的。空喊领导只有吓走同盟军。如西班牙现在实际已是无产阶级领导，但没有喊无产阶级领导。现在欧洲资产阶级也看马列主义，资产阶级知道无产阶级领导是无产阶级专政的萌芽。因此我们不能说是谁领导谁，而是国共共同负责、共同领导。

过去福建事变，十九路军是我们的同盟军，我们不帮助同盟军是错误的。现在日本打我们和蒋介石，我们便共同去打敌人。

中国大革命失败只是国共分裂，还不是革命与反革命的最后分裂。现在国民党又有革命的分子，重新实行国共合作，将来要做到不是国共的分裂，而是革命与反革命的完全分裂，使国民党的革命分子到我们领导之下来。

现在国民党不能用分成左、中、右三派的分法，我们要看到国民党主要力量是黄埔系，如果这种分法会帮助蒋介石团结他们的力量，他们也知左中右提法的意义，我们应分为抗日派与降日派。

对于 CC 与复兴社[1]，过去是叫法西斯蒂，现在应公开纠正过来，法西斯蒂是侵略殖民地的。要说明法西斯蒂是侵略主义，复兴社是主张民族独立与社会进化，要用这种理论去对付日本。同时 CC、复兴社也不同于法西斯主义，叛徒只是一部分问题，不能因此而使许多革命青年离开我们。

我们对于阎锡山的态度应非常慎重，要与阎锡山建立好的关系来影响全国，不要使人家感觉与共产党联合便要失败。

1937 年 9 月 1 日，从国民党监狱中出狱一个月的"救国会七君子"之一的章乃器，在《申报》上发表《少号召多建议》一文，强调"在国策还未确定的时候，我们不能不多作政治的号召，使国策能够早点确定下来。在国策已经确定的今日，我们却应该少作政治的号召，多作积极的建议，使国策可以早点充实起来。国

---

[1] 这里的"CC"是指国民党内的派系 CC 系。1927 年蒋介石发动四一二反革命政变，在各地实行"清共"后，为维持其独裁统治，授意长期负责国民党组织和党务工作的陈果夫、陈立夫兄弟，于 1928 年在南京成立中央俱乐部，培植在国民党组织和文化教育界中的亲蒋势力，其骨干分子有张励生、潘公展、谷正纲、张道藩、吴开先等。因为"中央俱乐部"英文译名缩写是 Central Club，同时"陈"字的英文拼音第一个字母也是 C，CC 即为"二陈"，因而一般将这个派系称为"CC 系"。复兴社是中华复兴社的简称，是国民党内带有特务性质的秘密派系组织，1932 年 3 月在南京成立，蒋介石为社长，其核心为力行社。力行社的名称来源于蒋介石的"力行哲学"。力行社有两个外围团体，一是"青年革命军人联合会"，由黄埔学生组成，后来发展到陆军大学学生；一是"民族复兴社"，其成员包括黄埔与非黄埔，军人与非军人，范围较广泛。复兴社活动范围最初主要在国民党的军事系统，后扩展到其他方面。活动内容主要是鼓吹封建法西斯主义和吹捧蒋介石，以巩固蒋介石在国民党内的独裁地位。该社还设有以康泽为头目的别动队和以戴笠为头目的特务处，施行极端反动的特务恐怖统治。1938 年 3 月复兴社取消，其成员转入三民主义青年团（简称"三青团"），其特务处则改组为国民政府军事委员会调查统计局（简称"军统"）。

家到了生死存亡的时候，政府既然已经有确定的国策，有点心肝的人，谁还愿意标新立异以鸣高？大家应该是集中力量、培养力量之不遑，哪能再存彼此派别之见，在明争暗斗中再消耗一丝一毫的国力"。毛泽东在这年11月12日发表的《上海太原失陷以后抗日战争的形势与任务》一文中，曾认为这是"某些小资产阶级急进分子在政治上的投降举动"，而王明却对章乃器的这个主张给予肯定。他说：我们的斗争方式也要注意，如章乃器说多建议少号召在一定程度上是有意义的。我们对蒋介石也要采用与他们商量的办法，不要说这些纲领是共产党提的，非要蒋介石执行不可，这样反不好。

王明还说：对于蒋介石前途问题，我们对外说中国抗战胜利是民主共和国。

我们自己要明白中国的将来是由民族阵线转到人民阵线，最后是社会主义的胜利，这些话政治局以外的人是不能说的。

民族统一战线之历史策略，1927年蒋介石利用民族统一战线打我们，说我们分裂民族统一战线，将来我们要拿住这民族统一战线这个武装去打敌人，反对汉奸的分裂。

我们扩大与充实民族统一战线，要使各党派加入统一战线，使各群众团体加入统一战线，没有组织的群众也要组织起来。

今天的中心问题是一切为了抗日，一切经过抗日民族统一战线，一切服从抗日，现在我们要用这样的原则去组织群众，今天不是组织狭小的群众团体，而是利用现在合法的团体，要登记，读总理遗嘱也可以，要利用合法，取得合法，只有采用公开的合法的办法才能扩大统一战线，否则还是没有办法去扩大统一战线的。在这里，王明明确提出"一切经过抗日民族统一战线"，但没有说"一切服从统一战线",而是提出"一切服从抗日"。

王明接着说,对政权问题不要提出改造政权机构,而是要统一的国防政府。我们的口号不是过早提出肃清汉奸分子,而是在政府中逐渐驱逐汉奸分子,其次是有能力有威信的分子加入政府。

特区是新中国的雏形,它的政权实质是要成为抗日模范。要使人家一到特区便感觉特区是中华民国的组成部分,使人民感觉特区是新中国的雏形,说我们建设不错,如说特区十有十没有,一没有鸦片,二没有贪官污吏等,使人家看到特区是民主的模范。

使特区成为全国抗日后方之一,不仅是八路军的。因此要迅速取得特区的合法地位。行政制度在山西等地区不能建立与特区同样的政府,要同样用旧县政府、县长,不用抗日人民政府等。

这年10月16日,刘少奇以陶尚行的笔名发表《抗日游击战争中各种基本政策问题》的小册子,指出:"游击战争将成为华北人民反对日本帝国主义的主要斗争方式。""今天华北人民的中心任务,是广大地组织与发展抗日游击战争。广大的游击战争是华北人民抗日最有效的方式。一切愿意在华北继续进行抗日斗争的人们,都不应该放弃或逃避游击战争。"文章强调:为使华北游击战争能够取得最后的胜利,必须建立能够在各方面执行正确政策的游击队,建立巩固的抗日根据地。"在这些区域中,有的还存在着原来的政府,这些政府或者继续抗日,或者准备投降转变为汉奸政府;有的原政府人员逃走,汉奸们准备建立维持会等。我们的方针是:要在这些区域中建立人民的抗日政权。我们的口号是:打倒汉奸政府、维持会,反对投降,改造原来一党专政的政府成为人民的抗日政府。为了在这些区域中建立真正有工作能力的、有群众基础的抗日政府来领导战争,原来的政治机构必须实行民主的改造。"[1]

对于刘少奇的这个主张,王明明确表示不能赞成。他说:少奇同志写的小册子提得太多,提打大地主当作政策是不对的,提出单打维持会也是不对的,这样便帮助日本建立社会力量的基础。满洲人民革命军与地主关系弄得很好,使地主也不反对我们。总之,使日本减少以华制华的作用。

王明在报告中还讲到了民主共和国、旧军队等问题。他说:民主共和国问题,即取消苏维埃问题,今天苏维埃还不能统一中国,十年来说明苏维埃还只有少数的人民拥护,国民政府是遭受大多数人民的反对,现在需要全国人民拥护的民主共和国,议会式的民主共和国,现在不是苏维埃与议会的斗争,而是苏维埃与议会联合反法西斯野蛮专政的斗争。这是造成全国统一的国家政权,而不是加深中国的分裂。

王明又说:对于中国的军队不是说旧军队不行,要改造旧军队这是不策略的口号,总的口号是在旧的军队基础上改造军队。同时不能说旧军队是军阀军队不能打仗,这样便使人不满,而应在现有基础上扩大与巩固军队。我们主张反对地方不服从中央,同时反对中央歧视地方。不要使蒋阎等感觉他们自己是军阀,将来是要被打倒的,要说明抗日军队不是军阀,说明军阀也可变为抗日军队。

在讲到全国军队的统一指挥的时候,王明说:"我们要拥护

---

[1]《刘少奇选集》上卷,人民出版社1981年版,第81、88页。

统一指挥，八路军也要统一受蒋指挥，我们不怕统一纪律，统一作战计划，统一给养，不过注意不要受到无味（谓）的牺牲。""八路军新四军是要向着统一的方向发展，而不是分裂军队的统一。"王明同时又指出："红军的改编不仅名义改变，而且内容也改变了。现在要保存红军的独立，（一）保障党的领导，（二）保障自己干部的领导，（三）建立自己的教育与政治工作，（四）打胜仗的模范。我们要将我们的军队扩大到30万，但方式上不要使人害怕。"

抗战爆发之后，毛泽东曾提出中国存在两条不同的抗战路线，一条是全国人民总动员的完全的民族革命战争的全面抗战路线，一条是不要人民群众参加的单纯政府的抗战的片面抗战路线。他在《上海太原失陷以后抗日战争的形势和任务》的报告中明确指出："我们赞助一切反对日本帝国主义进攻的抗战，即使是片面的抗战。因为它比不抵抗主义进一步，因为它是带着革命性的，因为它也是在为着保卫祖国而战。"但是，"不要人民群众参加的单纯政府的片面抗战，是一定要失败的。因为它不是完全的民族革命战争，因为它不是群众战争"。他认为，全面抗战还是片面抗战，"这是共产党的抗战主张和现时国民党的抗战主张的原则分歧"。[1]

王明并不认同毛泽东关于全面抗战和片面抗战的观点，认为不要使用"片面抗战"这样的提法，以免刺激国民党。他说："只有动员广大人民群众才能争取抗战胜利是没有问题的，中国要争取抗战胜利，只有动员几万万人民参加抗战才能取得胜利，但国

---

[1]《毛泽东选集》第二卷，人民出版社1991年版，第387—388页。

民党害怕民众起来。过去提出国民党片面抗战,是使他们害怕,要提出政府抗战很好,要动员广大人民来帮助抗战,不要提得那样尖锐,使人害怕,只好在党内提,不能在外面提出来。"

王明还说,现在中国需要统一的群众组织,不要分裂的群众组织,在抗战条件下不怕国民党限制,而是我们的方法不好,我们一定要争得合法,到国民党去立案,市党部来参加,利用合法来组织群众。军队与人民结合问题,人民拥护八路军,许多同志过于高兴也是不好的,共产党应起桥梁作用,使人民拥护军队,同时向军队说明,你们这样不好,要建立政治工作等,才能改善与人民的关系。武装人民用多种方式,用他们的合法形式去武装,要求国民党发武器,主要号召人民去夺取敌人的武器。

在讲话中,王明还讲到了反对托派、建立军事工业、国际宣传、苏联是否出兵援助各国革命等问题。王明说,苏联的战略是帮助中国及西班牙革命,今天的条件还没有到出兵援助的时期。

关于托派问题,王明说,过去忽视托派危险,主要原因是过去对于托派的实质认识不够。过去国际三次电报,中央没有回答,国际很不满意。托派是军事侦探的组织,我们要特别注意。

在此之前,刚刚从国民党监狱出狱的陈独秀曾亲自到南京八路军办事处,向叶剑英、秦邦宪表示,赞成抗日民族统一战线政策。接着又委托自己的好友、曾是托派分子的罗汉找叶剑英、李克农等人晤谈,说陈愿意回到党的领导下工作。[1]因事情重大,

---

[1] 有研究者认为,陈愿意回到领导下工作,并非陈要"回党",而是陈拥护抗日民族统一战线,愿意接受党的领导。任建树:《陈独秀大传》,上海人民出版社1999年版,第609页。

叶剑英一面将情况电告中共中央，一面让罗汉经西安前往延安直接与中共中央洽谈。罗汉到了西安之后，因山洪毁路未能前往延安，但于这年9月9日在西安致电中共中央，提出了五点建议和要求，其中提到请中共中央劝陈独秀、彭述之、郑超麟回党工作。

毛泽东、张闻天对此事十分重视，9月10日，联名致电林伯渠，由其转告罗汉，中共中央对托派分子的下列原则：（甲）我们不拒绝同过去犯过错误而现在真心悔悟、愿意抗日的人联合，而且竭诚欢迎他们的转变。（乙）在陈独秀等托派分子能够实现下列三条件时，我们亦愿与之联合抗日。（一）公开放弃并坚决反对托派全部理论与行动，并公开声明同托派组织脱离关系，承认自己过去加入托派的错误。（二）公开表示拥护抗日民族统一战线政策。（三）在实际行动中表示这种拥护的诚意。（丙）至于其他关系，则在上述三条件实现之后，可以再行考虑。[1]

王明在十二月会议上关于托派是"军事侦探的组织"的定性，实际上堵住了陈独秀回到党内的道路。12月27日，王明在《群众》杂志上公开发表《挽救时局的关键》一文，更是明确将托派定性为"日寇特务机关的走狗"，提出"汉奸敌探如托匪之流，不仅不在统一战线的对象之列，而且是抗日民族统一战线应当和必须反对的对象"[2]。更严重的是，康生于1938年1月28日、2月8日在《解放》周刊上发表《铲除日寇侦探民族公敌的托洛茨基匪徒》的长文，诬蔑陈独秀是领取日本津贴的汉奸。这样一来，没有退

---

[1] 中央档案馆：《中共中央文件选集》第11册，中共中央党校出版社1991年版，第335页。

[2] 《王明言论选辑》，人民出版社1982年版，第552页。

路的陈独秀拒绝回答中共中央提出的三项条件。

最后，王明讲到了怎样使中国党变成全国革命政党的问题，提出要实行民主集中制少数服从多数。他说："这个原则必须实行，国焘同志如果实行这个原则，不会造成党的分裂，就没有这样大的错误。""建立集体领导与个人负责制，不要怕负责任。"王明还谈到了改进组织方式与工作方式问题，他说："现在我们不是反对党，而是政府党，对国民党区域的天灾人祸都要负责，这表示我们对全国负责，取得全国的信仰。"此外，王明还简要讲到了加强党内马列著作教育，实行正确的干部政策，准备召开七大等问题。

12月10日，王明在会上作了第二次发言，主要内容是报告中共驻共产国际代表团所做的工作及取得的成绩。王明说，中共驻共产国际代表团的组织，1932年至1933年只有王明一个人，1934年增加赵容（即康生——引者），1935年8月后便有王明、赵容、陈云、邓发、王稼祥等。我只报告政治上帮助中国党的工作。代表团学习国际集体领导方式，一切问题要采取集体讨论的办法，代表团许多同志还参加理论的学习。代表团对满洲工作曾写过一封信，上海战争后代表团提出对国民党三条件，后来提出六大纲领，交上海党来影响宋庆龄等发起民族自卫委员会。我们接到五中全会决议，知道五中全会与我们在国际的决定不同，我们只加以解释。

王明还说，土地农民问题，过去中国党在土地法中规定凡有土地出租的都是地主，这样便将小资产阶级都逼到地主方面，增加了土地革命中的许多困难，同时说中国没有大地主也是不对的，中国封建残余主要是大地主，中国统计大地主有三万以上。

农民的阶层的分析，六次大会决议上也有问题，米夫在四中全会上说富农的主要特点是半地主，我认为富农之成为富农，是有资本主义的剥削，因此把富农当地主来打，定出根本反对富农的策略是错误的。

王明说，代表团后来又研究《八一宣言》（指王明起草，在经斯大林和季米特洛夫审阅认可，1935年8月1日，以中华苏维埃共和国中央政府和中国共产党中央委员会的名义发表的《为抗日救国告全体同胞书》）及新政策问题，经过两个月的讨论和共产国际书记处同意，宣言才发表。宣言的根本方针是正确的，但对蒋（介石）的态度还是不好。在抗日救国新政策上，说了蒋介石的态度，蒋介石看了王明在大会上的发言及《八一宣言》，便派某某同我们进行谈判，并交潘汉年提出九个条件。在中央红军退出中央苏区时，代表团电报指示中央红军要特别注意保存实力和干部，并可到四川（这一电报未收到）。中共抗日救国的新政策，不仅是救国的政策，而且是救党救红军的政策。如果没有新政策，红军便变成许多游击队。当我们看到中央十二月（会议）决议（指1935年12月中共中央政治局瓦窑堡会议通过的《中央关于目前政治形势与党的任务决议》）后，国际认为抗日反蒋口号不对，党的大开门容许赞成党的主张的人便可加入党是错误的[1]。苏维埃改民主共和国，红军改国民革命军，接到国民党三中全会决议才正式决定。王明最后说，以上是代表团对中国党政治上的

---

[1] 瓦窑堡会议通过的《中央关于目前政治形势与党的任务决议》提出：中国共产党是中国无产阶级的先锋队，同时又是全民族的先锋队，因此，一切愿意为着共产党的主张而奋斗的人，不问他们的阶级出身如何，都可以加入共产党。一切在民族革命与土地革命中的英勇战士，都应该吸收入党，担负党在各方面的工作。

帮助。

三、毛泽东对独立自主原则的坚持

从王明上述发言可以看出，他的抗日主张特别是关于统一战线的主张，与毛泽东确有明显的不同。第二次国共合作实现之后，毛泽东不厌其烦地一再强调，要警惕右倾投降危险，要保持在统一战线中的独立性。王明在发言中虽然也讲到了保持红军独立性、保障党的领导问题，但其重心却是强调"一切为了抗日，一切经过抗日民族统一战线，一切服从抗日"，要求全党充分认识抗战爆发后国民党的进步，对国民党不能用过去的眼光看待，要尽量地帮助其进步。王明也认为，"共产党也不能投降国民党，两党谁也不能投降谁"，但现在中共的力量还与国民党不对等，要坚持抗战和取得抗战的最终胜利，主要靠国民党的力量，"没有力量，空喊无产阶级领导是不行的"，空喊领导只会吓走国民党。

从理论上讲，王明主张的"一切经过抗日民族统一战线"也有其道理。如果这个抗日民族统一战线是由中国共产党主导或掌握的，至少在统一战线里已取得了与国民党平等的地位，"一切经过抗日民族统一战线"是没有问题的。但是，全民族抗战爆发后以国共合作为主要内容的抗日民族统一战线，实际上是一种特殊形式的统一战线。本来，中共中央曾设想国共合作的组织形式，一是如同当年孙中山改组国民党一样，将国民党改组为民族革命联盟，其他党派加入；二是建立两党共同委员会；三是遇事协商。中共中央希望的是第一、二种形式，在这次会议之后还为此进行过诸多的努力。但是，蒋介石始终拒绝这两种形式，使得国共合作的组织形式实际上只剩下第三种形式。由于当时国共的实力对比是国强共弱，实力的不对等决定了地位的不对等，蒋介石始终不愿与共产党进行平等的党与党的合作，而把共产党与他的合作，看作共产党方面对他的"输诚"，他不是联共而是要"溶共"。这样一来，如果"一切经过抗日民族统一战线"，等于一切都要与国民党、蒋介石协商，经过其同意，这显然是行不通的，等于是用统一战线束缚住中共自己的手脚。

对于这个问题，后来周恩来曾有过回忆："第二个武汉时期的错误也是不懂得这个领导权问题。那时有一种解释，说只要抗战就是统一，说蒋介石的政府已经是统一的政府，蒋介石的大资产阶级的政府已经开始民主化，人民已经得到充分自由。这就是说，大资产阶级很好，很民主，很统一，也就是承认大资产阶级的领导权，因而在政策上也就不要民主改革，不要改善民生。但当时党中央是很强调民主改革、改善民生这两点的。武汉时期放弃领导权，还表现在不重视敌后的发展，不主张建立敌后政权，主张一切经过统一战线。假若这个统一战线是我们领导的，当然很好。但实际上，国民党并不承认我们的领导。他所承认的统一战线，就是把我们领导的队伍统一到他的军令、政令里去。所以一切经过统一战线，实际上就是一切经过国民党的军令、政令。"[1]

王明并非没有看到国共力量对比悬殊的现实，所以他也认为不能空喊领导权，领导权的争取要靠实力，但他对国民党抗战以

---

[1]《周恩来选集》上卷，人民出版社1980年版，第219页。

来的进步作了过于理想的估计。全民族抗战爆发之后,蒋介石对内对外政策固然作了很大调整,国民党军队在这个阶段也有较好的抗战表现,蒋介石本人也主张对日抵抗。但是,蒋介石只是一个民族主义者,同时也是一个专制主义者,而不是一个民主主义者,国民党本身也没有因为全民族抗战而发生根本性的变化。所以,这时的蒋介石既有抗战的一面,也有其专制独裁的一面。王明对于蒋介石这种两面性认识不够,这或许与他的个人经历有一定的关系。王明是大革命初期加入党的,那时正处在国共关系比较好的时候,入党之后就到莫斯科去学习,虽然中共六届四中全会前后他在国内工作了一段时间(一年左右),但很快就到共产国际工作。由于长期在莫斯科学习和工作,王明对于大革命失败给中国共产党造成的损失没有切身的感受,也没有真正经历残酷的十年内战,对国民党特别是蒋介石的认识远远没有毛泽东深刻。参加了十二月会议的张国焘在其回忆录中说:"他(指王明——引者)仍是一个无经验的小伙子,显得志大才疏,爱放言高论,不考察实际情况,也缺乏贯彻其主张的能力与方法。"[1]张国焘的回忆有许多情绪化的地方,但他对王明的这个评价,还是有道理的。

十年内战的中后期,王明犯过"左"倾错误,全民族抗战之后又出现右倾错误,其共同的特点都是教条主义。问题的本质就在王明对国情缺乏深刻的认识,特别是对蒋介石这种具有丰富的反革命经验的人没有足够的了解,容易被全民族抗战以来国民党的一些表象所迷惑。蒋介石集团参加抗日固然是值得肯定的,也可

---

[1] 张国焘:《我的回忆》第三册,东方出版社1991年版,第424页。

以说这是其进步的一个表现，但蒋在抗日的同时反共的本性没有改变。因此，既要团结和争取蒋介石抗日，但对其可能的反共又必须时刻保持高度的警惕，坚持统一战线的独立自主原则，而王明恰恰在这个问题上没有清醒的认识。

其实，王明的很多主张，很大程度上不是来自中国革命经验教训的总结，更不是他结合中国革命实际的独立思考，而是来自共产国际政策的转变，而共产国际所代表的，实际上就是苏联的利益。斯大林出于避免苏联东西两线作战的考虑，对国民党的抗战作出了积极支持的姿态，这在客观上确实是有利于中国抗战的。但是，斯大林支持中国抗战，是从苏联的国家利益出发，目的是为了让蒋介石能够拖住日本。为此目的，斯大林认为中国共产党必须迁就和服从国民党。1940年斯大林在接见苏联驻华武官兼蒋介石的总军事顾问崔可夫时，曾说过这样的话："照理，中国共产党人要比蒋介石对我们来说更亲近些。照理，主要援助应该给予他们。"但"中国共产党和中国工人阶级要成为反侵略斗争的领导者，还显得太孱弱。要把群众争取过来需要时间，到底需要多长时间，很难说"。"中国共产党在国内的地位还不巩固。蒋介石可以轻而易举地联合日本人反对共产党。共产党同日本人是不可能联合的，蒋介石有美国和英国的援助。毛泽东是永远得不到这些大国的支持的。欧洲的局势，希特勒的节节胜利预示着英国和美国可能会逐渐增加对蒋介石的援助。这就可望，由于有我国的援助和英美盟国的援助，蒋介石即使不能打退日本的侵略，也能长期拖住它。"[1] 斯大林的这些话，虽然是几年后说的，

---

[1] 崔可夫：《在华使命：一个军事顾问的笔记》，新华出版社1980年版，第35页。

但其指导思想是一贯的。

斯大林对国共两党的这种态度，就必定影响到共产国际对中国党的政策。1937年11月14日（王明离开莫斯科的同一天），季米特洛夫在共产国际执委会书记处会议上发言说："由于中国共产党力量弱小，因此国共统一战线中不要提谁占优势，谁领导谁的问题，应当运用法国共产党组织人民阵线的经验，遵循'一切服从统一战线''一切经过统一战线'的原则，努力从政治上影响国民党，做到共同负责，共同领导，共同发展，不要过分强调独立自主。"[1]王明在十二月会议的讲话，其基本精神显然与季米特洛夫的这番话是一致的。所谓教条主义，就是人云亦云，王明即如此。

会议在听取张闻天的报告和王明的发言后，进行讨论，"讨论中许多同志在一时难以分辨是非的情况下，不同程度地同意和拥护了王明的主张"[2]。

与王明一起回国的康生在发言中说：现在要内部团结，须提出下列口号：拥护蒋委员长继续领导全国抗日，拥护中央政府继续抗日，共产党要帮助国民党改造军队，帮助国民党购买军火，帮助蒋介石创设军事工业。关于片面抗战与全面抗战，今后最好不用，现在最好都用反日民族自卫战争，不用反日民族革命战争。[3]

---

[1]转引自黄允升：《毛泽东开辟中国革命道路的理论创新》，中央文献出版社2006年版，第363页。

[2]张培森主编：《张闻天年谱》上卷，中共党史出版社2000年版，第529页。

[3]王秀鑫：《中共中央政治局十二月会议和三月会议》，张树军、齐生主编：《中国共产党八十年重大会议实录》上，湖南人民出版社2001年版，第157页。

12月11日，周恩来在会上就抗战问题和统一战线问题发表意见，认为从山西的情况来看，由于没有实行抗日高于一切的原则，而把独立自主提得太高，所以党内、军内和各地都有不利于抗战、不利于统一战线的思想、言论及行动。[1]

由于王明在报告中点了刘少奇的名，说他的"小册子提得太多"，所以刘少奇"在会上受到了许多人点名或不点名的批评"[2]。12月12日、13日、14日，刘少奇在会上先后三次发言，只得就有关问题进行辩解。刘少奇承认自己"抗战以来对国民党本质上的转变估计不足"，认为现在的政府、军队不改造不能取得抗日战争的胜利；"因此，产生了把片面抗战与全面抗战对立起来"的思想。"同时由于大革命的痛苦教训，怕上国民党当，因此，便强调独立自主。"刘少奇还针对王明的批评，辩解说："号召工人农民武装起来，不等待政府发布条例和取得合法批准，我们自己最初提出群众工作的独立自主，便是这个意义。由于这种方法获得了大的成绩，我们所说的独立自主，不是破坏统一战线的，是尽量争取合法地位做起主来。一方面自己做，一方面利用合法，这样便使我们自己与阎同时做，这是较好的办法。"

刘少奇还说，发展民众运动，动员千百万群众参加抗日，是争取抗战胜利的基本条件。基本原则要减少国民党对群众运动与对我们领导群众运动的畏惧。这就靠我们工作方式的改善，经过统一战线进行群众工作，避免过分地刺激国民党，对国民党要客

---

[1] 中共中央文献研究室：《周恩来年谱（1898—1949）》（修订本），中央文献出版社1998年版，第401页。

[2] 金冲及主编：《刘少奇传》上，中央文献出版社1998年版，第300页。

气些。帮助国民党去进行群众工作。他还说:"我写的小册子是按最高的要求写的,是按我们要做的,而不是按目前能做的条件做的。"刘少奇认为"一切经过统一战线的口号须有具体解释",不能成为"一切经过"蒋介石和阎锡山,要经过统一战线去进行群众工作,直接动员群众,领导群众,扩大民族革命统一战线运动,要以共产党为领导来团结一切抗日的势力与阶层,建立抗日民族统一的政权,坚持敌后抗战。[1]

12月12日,张闻天作了总结性发言,就"对国民党转变估计不足"等缺点作了"检讨"[2],"承认了王明所指摘的某些所谓'错误'",但他同时又认为,对于统一战线问题,自西安事变以来,基本上是正确的,并获得了许多成绩;洛川会议提出的动员一切力量争取抗战胜利的方针是基本正确的,会议确定的独立自主的山地游击战基本上也是正确的,今后红军游击战还是主要的,有利条件下进行运动战。华北工作一般路线是正确的,工作有很大的成绩,统一战线工作有进步。[3]同一天,张闻天还就组织问题作了报告。

陈云在10日、12日的会上先后发言,详细介绍了西路军在新疆学习军事技术的安排和盛世才的情况。陈云在发言中特别强调要培养大批干部,加强统一战线和党内团结。他说:"中国革命要取得胜利,需要全国的团结,全国的团结就要全党的团结,全党的团结首先就要中央的团结。中国党有十六年历史,是十六

---

[1] 金冲及主编:《刘少奇传》上,中央文献出版社1998年版,第300—301页。
[2] 张培森主编:《张闻天年谱》上卷,中共党史出版社2000年版,第529页。
[3] 程中原:《张闻天传》,当代中国出版社1993年版,第401—402页。

年来患难的朋友，大家要相亲相爱，团结得像一个人一样。""对于思想斗争，要正确地执行，不要过分，可以避免时，要避免在群众中公开损害党的威信。对于犯错误的同志，要减少戴大帽子（多穿衣服），使每个同志不要怕讲话。这样，党的生活健全起来，建立真正的集体领导。"[1]

听取项英关于南方三年游击战争的汇报，是此次会议的一项重要内容。12月11日，项英在会上作了《三年来坚持的游击战争》的报告，详细汇报了坚持南方三年游击战争的过程。项英说，从1934年10月中央红军主力长征，到今年10月他在南京见到博古，11月7日到达延安，"才恢复党中央对于我们的指导关系，算起来分别的时间是整整三年了，在这整整三年中，开首还能靠无线电的通讯取得中央对于我们的指导，随后无线电的失掉，使我们脱离了党中央的领导，失掉了与各方的联系，形成了各个区域的独立的各自为战，来坚持与敌人作最顽强的斗争"[2]。他还说："这三年，南方各地区的游击战争，虽在极端困难和困苦中，能不屈不挠百折不回的坚持到底，虽然中央及其周围的苏区失掉，武装力量有了大的削弱，但终能最后战胜了敌人，保持我们经过十年血战在南方的许多战略支点；保持了经过最艰苦锻炼出来的各地游击队。因此，我们可以说，三年的坚持游击战争，在基本上是完成了党所给予我们的任务。"[3]报告全面总结了三年游击战争的主要战术和群众工作的经验，以及在失掉中央的领导、

---

[1]中共中央文献研究室：《陈云传》上，中央文献出版社2005年版，第231页。
[2]《项英军事文选》，中共中央党校出版社2003年版，第424页。
[3]《项英军事文选》，中共中央党校出版社2003年版，第424—425页。

陷于孤立斗争的环境下，如何保障党的领导的正确的主要做法。

在这次会议上，"唯有毛泽东作了实质上抵制王明错误的发言"[1]。当然，毛泽东的"抵制"也是有限度的，他12月11日在发言中，也承认"抗战发动后对国民党的转变估计不足"，表示统一战线工作"总的方针要适合团结御侮"，"目前应该是和为贵"，"使国共合作，大家有利"，"我们对国民党的态度要光明磊落，大公无私，委曲求全，仁至义尽"。[2]毛泽东对王明的一些观点虽然持不同意见，但由于王明的共产国际背景与当时的会议气氛，也不可能明确提出反对意见，只能作"基本的辩白和正面的阐述"[3]。

毛泽东在发言中强调："国民党与共产党谁吸引谁这个问题是有的，不是说要将国民党吸引到共产党，而是要国民党接受共产党的政治影响。""如果没有共产党的独立性，便会使共产党（降）低到国民党方面去。""八路军与游击队应当使成为全国军队的一部分，但是要政治上的区别，要在政治工作上、官兵团结上、纪律上、战场上起模范作用。""共产党在八路军出动后，政治影响更扩大。在全国群众中组织力量虽不够，但不能看数量少，在群众中力量是大起来的。"关于章乃器的"少号召多建议"主张，毛泽东仍坚持自己的观点，他说："章乃器说少号召多建议，我们是要批评的。这是只适宜国民党的现时状况。我们要在政

---

[1] 张培森主编：《张闻天年谱》上卷，中共党史出版社2000年版，第529页。
[2] 转引自中共中央文献研究室：《毛泽东传（1893—1949）》，中央文献出版社1996年版，第507页。
[3] 中共中央文献研究室：《毛泽东传（1893—1949）》，中央文献出版社1996年版，第507—508页。

治上有号召。"[1]

12月12日,毛泽东在会上再次作了发言,重点讲战略问题。他说:抗日战争总的战略方针是持久战。红军的战略方针是独立自主的山地游击战,在有利条件下打运动战,集中优势兵力消灭敌人一部。独立自主,对敌军来说我是主动而不是被动的,对友军来说我是相对的集中指挥,对自己来说是给下级以机动。总的一句话:相对集中指挥的独立自主的山地游击战。洛川会议决定的战略方针是对的。[2]

由此看来,尽管毛泽东与王明在事关国共关系等问题上确实存在分歧,但鉴于"王明的共产国际背景与当时的会议气氛",毛泽东并没有对王明的主张明确加以"抵制"或"斗争"。实际上,毛泽东既认可了王明的一些提法,如承认对国民党的转变估计不足,但同时又用各自表述的方式,坚持自己原有的观点,如独立自主的山地游击战战略方针等。当然,坚持自己的主张,在某种意义上讲也是一种"抵制"或"斗争"。

毛泽东后来在谈到这次政治局会议时说:"十二月会议上有老实人受欺骗,作了自我批评,以为自己错了。""而我是孤立的。当时,我别的都承认,只有持久战、游击战、统战原则下的独立自主等原则问题,我是坚持到底的。"又说:"遵义会议以后,中央的领导路线是正确的,但中间也遭过波折。抗战初期,十二月会议就是一次波折。十二月会议的情形,如果继续下去,那将

---

[1] 中共中央文献研究室:《毛泽东传(1893—1949)》,中央文献出版社1996年版,第508页。

[2] 中共中央文献研究室:《毛泽东年谱(1893—1949)》(修订本)中卷,中央文献出版社2013年版,第42页。

怎么样呢？有人说他奉共产国际命令回国，国内搞得不好，需要有一个新的方针。所谓新的方针，主要是在两个问题上，就是统一战线问题和战争问题。在统一战线问题上，是要独立自主还是不要或减弱独立自主；在战争问题上，是独立自主的山地游击战还是运动战。"[1]据李维汉回忆，十二月会议后，毛泽东曾对他说："我的命令不出这个窑洞。"[2]

说自己的命令"不出这个窑洞"多少有些夸张，但这次会议上王明的那一套为多数与会者一时所接受确是事实。与会的彭德怀在其自述中曾这样说："我认真听了毛主席和王明的讲话，相同点是抗日，不同点是如何抗法。王明讲话是以国际口吻出现的，其基本精神是抗日高于一切，一切经过统一战线，一切服从统一战线。他在解释他的观点时说，要树立国共两党为基础的明确观点，共同担负起统一政权，统一军队的义务；国共两党是平等的，谁想领导谁都是不可能的，各党各派要共同负责，共同领导，共同奋斗，互相帮助，共同发展。他比较偏重于国民党政府和军队抗日，不重视动员民众参战。""从王明这些论点看来，显然同毛泽东同志的正确论点有很大的原则上的分歧。""假如真的按照王明路线办事，那就保障不了共产党对八路军、新四军的绝对领导，一切事情都得听从国民党反动集团所谓合法政府的命令；就不可能有敌后抗日根据地和民主政权的存在；同时也区别不开谁是统一战线中的领导阶级，谁是无产阶级可靠的同盟军，谁是消极抗日的右派，谁是动摇于两者之间的中间派。这些原则

---

[1]《毛泽东文集》第三卷，人民出版社1993年版，第425页。
[2]李维汉：《回忆与研究》上册，中共党史资料出版社1986年版，第443页。

问题，在王明路线中是混淆不清的。""当时，我没有真正认识到毛泽东同志路线的正确性，而是受了王明路线的影响，在这些原则问题上模糊不清。""在会上并没有支持毛泽东同志的正确路线，也没有拥护或反对王明的错误路线，是采取了一种模棱两可的态度。"[1]

彭德怀在十二月会议上的这种态度，在一定程度上可以说具有代表性。

那么，是什么原因使多数与会者同彭德怀一样"受了王明路线的影响"？

原因之一，王明的特殊身份。对于这一点，已有诸多著述作了论述。张国焘回忆说："王明当时俨然是捧着尚方宝剑的莫斯科的'天使'，说话的态度，仿佛是传达'圣旨'似的。""王明暗示这个策略上的变动很重要，而且出自斯大林本人的意见。"[2]王明长期在共产国际工作，并且是其领导成员之一，又有机会亲见斯大林和季米特洛夫。他的这种身份，在当时的中共领导人中是绝无仅有的。经过1935年1月的遵义会议，中国共产党的独立自主有了很大的发展，但共产国际及斯大林、季米特洛夫在中共干部包括领导人的心目中，仍然有着巨大的威望，中共真正意义上的独立自主是经过延安整风之后才完全实现的。所以王明在十二月会议的讲话中，虽然一些原则问题"混淆不清"，但多数与会者认为王明的话实际上就是共产国际的态度，而共产国际一定比自己站得高看得远，于是连毛泽东也承认自己对国民党的转

---

[1]《彭德怀自述》，人民出版社1981年版，第224—226页。
[2] 张国焘：《我的回忆》第三册，东方出版社1991年版，第424页。

变"估计不足",仅对持久战、游击战、统战原则下的独立自主等原则问题"坚持到底",其他与会者的态度就可想而知了。

原因之二,王明确实在建立抗日民族统一战线的问题上起过积极作用。对于这一点,学界亦有相当的著述作了论述。1933年1月17日,王明起草了以毛泽东、朱德名义发表的《中华苏维埃临时中央政府工农红军革命军事委员会为反对日本帝国主义侵入华北愿在三条件下与全国各军队共同抗日宣言》,这"实际上就开始突破下层统一战线的框框,有了向建立抗日反蒋统一战线转变的萌芽"。1933年1月26日,王明以中共中央名义发出了《致满洲各级党部及全体党员的信——论满洲的状况和我们党的任务》,"第一次提出在东北建立全民族的反帝统一战线的策略方针"。1935年6、7月,王明根据共产国际七大建立反法西斯统一战线的精神,起草了中国苏维埃中央政府、中共中央《为抗日救国告全体同胞书》(即《八一宣言》),这个宣言"不仅冲破了关门主义的小圈子和下层统一战线的框框,而且把联合的对象扩展到了除蒋介石等少数卖国贼和汉奸以外的一切抗日的党派、团体、阶级和阶层,统一战线的范围进一步扩大了"[1]。《八一宣言》是中共抗日民族统一战线政策形成的一个标志性文件,可以说,王明是党的领导人中率先提出抗日民族统一战线口号者。如果说,在全面抗战爆发前,抗日民族统一战线还是中国共产党人要争取实现的目标,在抗日民族统一战线形成后,如何处理国共关系,对国民党应当持何种态度,就需要有具体的方针政策了。正在这关键时刻,王明回国,这在当时许多人看来,王明在统一战线问

---

[1] 郭德宏:《王明与抗日民族统一战线的提出》,《党史研究与教学》1988年第5期。

题上最具有发言权，何况他还带回了共产国际的指示，所以会议出现"一边倒"的情况，也就不难理解了。

原因之三，洛川会议关于红军作战原则分歧的影响。在洛川会议上，关于红军的作战原则，毛泽东强调，红军的战略方针是独立自主的山地游击战，包括在有利条件下消灭敌人兵团和在平原发展游击战争，但与会者对于这个问题看法并不一致，有人提出应是运动游击战，亦有人主张是游击运动战，实际上不完全赞同毛泽东的山地游击战方针。由于时间紧迫，八路军必须紧急出兵山西抗日前线，故而对于这个问题会议没有深入讨论，也没有形成共识。在十二月会议上，王明对毛泽东以山地游击战为唯一作战方针的批评，也引起了部分人的共鸣。彭德怀就对此"表示赞同"，认为八路军在战略上应该是运动游击战，在应用上要利用山地打游击战。会后，毛泽东与彭德怀详细讨论并研究四个月来八路军的作战情况和华北战场的形势，两人之间还曾发生了激烈的争论。彭说："你在延安，不接触前方群众，不了解情况。"争论的结果，是毛泽东说服彭，八路军的战略方针"基本的是游击战"，同时也采纳了彭的建议，在"基本的是游击战"之后加上"不放松在有利条件下的运动战"。[1]

原因之四，对于大多数人来说，抗日民族统一战线和国共合作是新事物，如何对待没有经验。中国共产党人虽然曾经有过与国民党合作的经历，但接着是同国民党长达十年的内战，现在国民党从内战的对手一变为合作的对象，正如季米特洛夫所言，确实是一个"重大转折"。在这重大转折关头，对国民党究竟当持

---

[1] 郭德宏:《王明与抗日民族统一战线的提出》,《党史研究与教学》1988 年第 5 期。

何种态度，在国共合作中应持什么样的立场，对于中共领导人来说是一个新的课题。上一次国共合作是十年前的事情，此时中共中央政治局的多数成员，是大革命失败之后才进入中央领导机关的，更何况此次合作与上次合作时的国际国内形势，两党合作的具体方式，以及共产国际对两党合作的政策，都有了很大的不同。因此，当抗日民族统一战线的口号刚刚提出之时，党内有相当多的人对国共再次合作曾不理解，表现出关门主义的倾向。即使到西安事变发生蒋介石被张学良、杨虎城扣押时，当时许多人的第一反应是应当杀蒋，后来中共中央经过慎重的考虑提出了和平解决事变的方针，从而大大推进了抗日民族统一战线的进程。当国共合作建立之后，鉴于第一次国共合作的历史教训，毛泽东、张闻天等曾一再强调要反对右倾投降主义，一开始领导层中对这个问题并没有不同意见。由于抗战之初国民党也确实对以往的政策作了较大程度的修正，蒋介石在抗日问题上一时间也表现出较坚定的立场。正是在这种情况下，王明回国传达共产国际的新精神，并认为中共仍存在对国民党的进步估计不足等问题，相当多的人觉得王明的说法有道理，从而造成了毛泽东一时"孤立"的局面。

王明虽然较早提出抗日民族统一战线口号，但由于他长期在共产国际工作，对于中国革命应当怎样进行往往多是纸上谈兵，对中国政治的了解显然没有毛泽东深刻，更缺乏同国内各种政治力量打交道的实际经验。而毛泽东经历了大革命由盛而败的全过程，特别是十年内战时期，他在创建革命根据地与红军时，不但经历了许多的党内斗争，而且在战争中他与蒋介石进行直接较量，已经有了相当丰富的国内政治斗争经验，故而对蒋介石的了解与把握自然远比王明深刻且准确。所以，王明十二月会议关于统一战线和国共关系的观点，虽然一时为多数人所认可，但由于他的论述实际上许多是书生论政，是建立在中国共产党能主导国共关系和统一战线的主观臆想上的，而当时的现实是，如果真正"一切经过统一战线"，中国共产党就有可能成为国民党的附属物，变成一切经过国民党和一切服从国民党，这对于有着自己政治理想的中国共产党人来说是难以想象的。国共之间毕竟曾经有过一次合作。那时，中国共产党人是真心实意地帮助国民党，派遣优秀干部到黄埔军校担任政治教官，把自己联系到的优秀青年推介到黄埔军校，帮助国民党建立各级党部，组织广泛的工人农民运动支持国民政府和北伐军，甚至为了维持国共合作不惜一再作出妥协退让，但换来的却是蒋介石、汪精卫对革命事业的背叛和对共产党人的大屠杀。前车之鉴不远，此时中共中央领导层的人基本都是大革命时期入党的，领教过蒋介石等人的两面派手法，感受过统一战线放弃独立自主原则的严重后果。所以王明在十二月会议上的一套主张，在实际工作中并没有产生多大的影响，因而"有些人虽在会上作了口头的'自我批评'，在实际工作中并没有真正去贯彻王明那一套"[1]。

四、十二月会议所产生的影响

十二月会议就统一战线和国共关系并没有形成具体的决议，

---

[1] 中共中央文献研究室：《毛泽东传（1893—1949）》，中央文献出版社1996年版，第509页。

只是通过了《中央政治局关于准备召集党第七次全国代表大会的决议》《中央政治局关于南方各游击区工作的决议》和《中央政治局关于中共驻国际代表团工作报告的决议》等文件。

《中央政治局关于准备召集党第七次全国代表大会的决议》规定："在最近时期内召集党的第七次全国代表大会，对于全中国人民解放斗争和党的工作，均有最严重的意义"，"大会准备期限不能过长，应尽可能地在较短时间内召集大会"。七大的中心任务"在于讨论和规定如何在巩固和扩大以国共合作为基础的抗日民族统一战线总方针下，组织和保障全中国人民取得对日抗战的最后胜利；同时，党七次大会应当对于自党六次大会以来的革命斗争经验作一个基本的总结"[1]。七大的主要议事日程为：（一）十年奋斗的基本总结和今后奋斗的基本方针。（二）如何组织和保障全中国人民对日抗战的胜利。（三）动员工人阶级积极参加对日抗战工作。（四）在新工作条件下的党的建设问题。（五）改选党的中央领导机关。

会议还决定成立准备召集中国共产党第七次全国代表大会委员会，其成员为毛泽东、陈绍禹（王明）、朱德、周恩来、项英、张闻天、张国焘、秦邦宪、赵容（康生）、廖陈云（即陈云）、王稼祥、彭德怀、任弼时、邓发、刘少奇、何克全（凯丰）、林祖涵、吴玉章、董必武、徐特立、曾山、张鼎丞、陈毅、杨靖宇、高岗。以毛泽东为准备委员会主席，王明为书记。准备委员会下设立秘书处，由毛泽东、张闻天、赵容、廖陈云、陈绍禹组成。以毛泽东为七

---

[1] 中央档案馆：《中共中央文件选集》第11册，中共中央党校出版社1991年版，第405页。

大准备委员会主席，而不是遵义会议后在党内负总责的张闻天为这个委员会的主席，表明毛泽东在党内的领导地位得到进一步的认可。这个准备委员会既设一"主席"，又设一"书记"，不知二者的职权范围如何划分，恐怕很大程度上是与会者出于对王明这位从昆仑山过来的"天兵天将"的尊重，给了他这样一个名分。

《中央政治局关于南方各游击区工作的决议》则对南方游击战争作了充分肯定和高度评价，认为"项英同志及南方各游击区的同志在主力红军离开南方后，在极艰苦的条件下，长期坚持了英勇的游击战争，基本上正确的执行了党的路线，完成了党所给予他们的任务。以至能够保存各游击区在今天成为中国人民反日抗战的重要支点，使各游击队成为今天最好的抗日军队之一部。这是中国人民一个极可宝贵的胜利"。"项英同志及南方各游击区主要的领导同志以及在游击区长期艰苦斗争之各同志，他们的长期艰苦斗争精神与坚决为解放中国人民的意志，是全党的模范。政治局号召全党同志来学习这些同志的模范。"[1]对南方三年游击战争作了高度评价和充分肯定。

《中央政治局关于中共驻国际代表团工作报告的决议》说："政治局听了中共驻国际代表团王明、康生、陈云三同志工作报告之后，认为在王明同志领导之下的代表团，在国际领导和特米脱洛夫的帮助之下，几年来所做的工作成绩，首先在关于抗日民族统一战线新的政策的确定与发展上给了中央以极大的帮助，此外如培养干部，出版报纸书籍，反对隐藏在某些党的组织中的奸

---

[1] 中央档案馆：《中共中央文件选集》第11册，中共中央党校出版社1991年版，第403页。

细敌探,对满洲与华侨工作的直接领导和进行国际宣传等,是满意的完成了党中央与共产国际所给于他们的任务。"[1]

十二月会议还增补王明、陈云、康生为中共中央书记处书记;决定由周恩来、王明、秦邦宪、叶剑英组成中共代表团,负责同国民党谈判;由项英、周恩来、秦邦宪、董必武组成中共中央长江局,领导南方各省党的工作。

到这时,中共中央书记处由张闻天、毛泽东、王明、康生、陈云组成。据张国焘回忆,会议在讨论组织问题时,王明在事先未同任何人商量的情况下,提交了一张政治局委员和候补委员的名单,不过这张名单"在人选上只增加了和他同回国的赵云(应为赵容)、陈云两人(实际上,陈云在1934年1月的中共六届五中全会上就已当选为政治局委员——引者),其余多是旧人,不过将席次略加调整而已",毛泽东曾"力主将王明的名字列为第一名",而王明"极力表明,他之提出这张名单,决无'夺帅印'的意思"。[2] 张的回忆写于他脱离中共多年之后,自然有极重的个人感情色彩,但说王明在十二月会议上没有"夺帅印"之意,大致还是说得过去的。王稼祥后来在延安整风时回忆:"季米特洛夫对王明说:你回中国去要与中国同志关系弄好,你与国内同志不熟悉,就是他们要推你当总书记,你也不要担任。"王稼祥又说:"对于中国党的路线,我的印象没有听过国际说过路线不正确的话。"[3] 季米特洛夫对任弼时也说过在王明回国前,他特

---

[1] 中央档案馆:《中共中央文件选集》第11册,中共中央党校出版社1991年版,第402页。

[2] 张国焘:《我的回忆》第三册,东方出版社1991年版,第424页。

[3] 徐则浩:《王稼祥对六届六中全会的贡献》,《文献与研究》1986年第4期。

地提醒王明:"虽然你在国际工作了多年,而且又是执委会成员和书记处书记,但你并不代表国际,而且你长期离开中国,脱离中国革命实际,所以,回国后,要以谦逊的态度尊重党的领导同志。"[1]既然共产国际有了如此明确的表态,王明纵使领袖欲再强,恐怕也不至于对季米特洛夫的话置若罔闻。

这次会议倒是张闻天的地位发生了一些变化,他由负总责(总书记)变成了书记处成员之一。这次会议之后有一访问记称他为总书记,他特地在1938年4月12日的《新华日报》上发表文章予以澄清,说"中共中央设有少数同志组成之书记处,但并无所谓总书记"。[2]

虽说十二月会议后"实际工作中并没有真正去贯彻王明那一套",但王明在十二月会议上关于统一战线的一些观点,还是产生了一定影响。

十二月会议之后,彭德怀在从延安回到华北前,询问张闻天回去之后如何传达会议精神。张说,由书记处写一个统一的传达提纲。过了两天,张交给彭一个传达大纲,即"政治局十二月会议的总结与精神"。彭回到华北后,就是按照这个大纲传达的。据彭德怀后来回忆:"在这个大纲中,我加了一段,即八路军是国民革命军的一个组成部分,应在下面三条原则下保持其光荣传统:其一,保障和加强共产党的绝对领导;其二,保障工、农成分的绝对优势;其三,保障高度政治工作的传统,保持学习制度。当时我虽然对某些问题认识模糊,但保持共产党对八路军的

---

[1]《在历史巨人身边——师哲回忆录》,九州出版社2015年版,第85页。
[2]程中原:《张闻天传》,当代中国出版社1993年版,第426页。

绝对领导是明确的。此外，对大纲没有增减。"[1]

这个传达大纲分为目前抗战形势、中国抗战能否胜利、统一战线的实际运用、保障党的独立性四大部分。在目前抗战形势这一部分中，专门讲到了五个月抗战的主要收获：一是在国共两党合作的基础上，开始了全国的统一与团结；二是国民政府开始起了国防政府的作用，政府的法令在全国范围内开始有效果；三是中国政府开始了初步的民主，如各党各派已取得公开或半公开的合法地位，及政治犯的释放，民众的战争动员等；四是全国军队的参加抗战，进行了英勇顽强的自卫战争，使全国军队开始了统一，起到了国防军的作用；五是提高了民族抗战的自信心，粉碎了恐日病和积弱的传统；六是提高了中国在国际上的地位，取得了世界各国人民的同情与赞助。

大纲提出："巩固与扩大以国共两党为基础的统一战线，是争取持久抗战的条件，我们应紧紧握住统一战线的武器，团结全国力量，坚决抗战到底，我们的口号是：抗日高于一切！一切为着抗日！一切经过统一战线！一切服从统一战线！"[2]王明在十二月会议的报告中，曾提出"一切为了抗日，一切经过抗日民族统一战线，一切服从抗日"，而这个大纲则在"一切经过抗日民族统一战线"的基础上，进而提出"一切服从统一战线"。

大纲同时认为，全民族抗战以来，党的正确领导停止了十年的内战，开始了国共合作与统一战线的建立，实现了全国抗战，但

---

[1]《彭德怀自述》，人民出版社1981年版，第226—227页。
[2]《目前制高点形势与争取抗战胜利的方针——中央政治局十二月会议总结与精神》（1938年春），中共中央书记处：《六大以来——党内秘密文件》上，人民出版社1981年版，第915—916页。

因为有下面的缺点，民族统一战线没有得到应有的开展与巩固：

（一）对国民党的基本转变认识不够（由不抗日到抗日，由"剿共"到联共等），使国共合作的程度还没有应有的进步。

（二）对国民政府开始起到国防政府的作用，国民革命军开始起到国防军队的作用估计不够，因而对友军的团结、赞扬与帮助不够，加之强调独立自主的结果，也引起了一些不必要的摩擦，反而给了亲日分子以分裂统一战线的口实。

（三）过分强调了片面抗战与全面抗战，因而把民生与民主的口号并列起来，有时没有把握住"抗战高于一切"的原则。实现民主与改善民生是保障抗战胜利的重要条件，但有时过分强调民主民生的结果，反而造成一些不必要的摩擦。

（四）对于在统一战线中保持对友党友军的批评态度的原则，在运用上欠审慎，因而引起了一些刺激与反感，然而国民党内一部分人，亦仍然保持过去的成见阻碍了两党的合作发展与团结巩固。[1]

大纲还要求向党内外正确地说明统一战线的性质与内容，其要点是"统一战线是各党各派的政治联合"；"各党派共同负责，共同领导，共同奋斗，互相帮助，互相发展"；"统一战线是长期的，应相互采取诚恳的态度，不应有谁向谁投降，谁消灭谁，谁削弱谁的观念"；"统一战线的前途，是建立独立自由幸福的民主共和国的新中国，而不是苏维埃的社会主义的新中国"；"统一战线中，因为是各党派的联合，摩擦是难免的，但应避免不必要的

---

[1]《目前制高点形势与争取抗战胜利的方针——中央政治局十二月会议总结与精神》（1938年春），中共中央书记处：《六大以来——党内秘密文件》上，人民出版社1981年版，第916页。

摩擦,即对民主与民生的斗争,也采取推动与调解的方式去解决";"在统一战线中,应保持我们的批评态度,但是诚恳的善意的而不是站在岸上说风凉话,对友党友军的好处,应鼓励与发扬,而不是只宣传自己的好处";"对国内营垒的分法应是亲日派和抗日派,分为左派中派右派的方式不是妥当的,反可给亲日派以分裂的口实,CC、复兴社不是法西斯,因为法西斯主要是侵略者,而CC、复兴社今天是抵抗侵略者";等等。[1]

按照彭德怀的回忆,这个大纲实际上是中共中央书记处"写的",在一定程度上可说是当时中共中央在统一战线诸问题上的共同认识。这个大纲很明显受到了王明在十二月会议上发言的影响。其观点也影响到了部分高中级干部,时任八路军第一二九师第三八六旅旅长陈赓读了这个大纲后,曾在其日记中写道:"读德怀同志传达中央政治局会议总结之一部,深感过去对于统一战线的认识确有模糊之处,以致在运用上发生缺点。我们一定要认识只有把握统一战线的武器,才能团结全国力量。抗战是每个中国人的共同要求,目前是抗日高于一切,统一战线是抗日的基本要素(特别是以国共合作为基础的统一战线)。今后巩固与发展统一战线,正确地运用统一战线,是值得我们严重注意的。今天是巩固山西的统一战线,避免不必要的摩擦,这对全国有非常之大的意义。"[2]

12月18日,十八集团军军委分会发布训令称:"巩固民族统

---

[1]《目前制高点形势与争取抗战胜利的方针——中央政治局十二月会议总结与精神》(1938年春),中共中央书记处:《六大以来——党内秘密文件》上,人民出版社1981年版,第917页。

[2]《陈赓日记》,战士出版社1982年版,第46页。

一战线，始终是我们的中心与方针。在山西方面的地方工作中，必须注意尽量取得与山西当局及地方政府民众团体与附近友军的协同与合作。须从抗战利益说服其采纳我们的意见与建议，万一不能同意的，不应出于勉强，而应让步，求得在继续的说服、善意的批评。群众的要求中，使其能采纳而后实现，同时我们应检查与纠正我们某些左的急性病幼稚、甚至反路线的行为。""为减轻摩擦、巩固抗战团结"，规定"十二月底停止扩兵突击"；帮助阎锡山"以教导决死队为基础，扩大新的部队"，"对于其他友军在当地扩兵时，亦应给予可能的帮助"，"对汉奸处置，除特别情况下，亦须交由行政机关处置，在山西政府权力所及地区，我们不应直接筹款与罚款"等。[1]

实际上，十二月会议之后一段时间，连毛泽东和张闻天对统一战线的独立自主，也没有以往那样强调了。

12月17日，毛泽东致电朱德、彭德怀、任弼时等："必须坚持抗日民族统一战线，八路［军］对华北各友军尤其对阎及各地方政权，必须保持好的友好关系，一切须求合法与统一，减少摩擦，团结［对敌］，尤其荣臻所在之晋东北地区，事同一律，不应立异，一切须取得阎之同意者须设法取得其同意，其坚不同意者我们应让步。晋西北、晋东南及晋西南各区方针，照此原则办理。"[2]

12月20日，毛泽东又致电朱德、彭德怀、任弼时、邓小平等人："部队扩大甚快，枪饷两缺，与阎发生严重矛盾，亟应停止扩大，收回部队驻在［地］以外之八路［军］工作人员，一切

---

［1］《十八集团军军委分会训令——为减少摩擦巩固抗战团结问题》，1937年12月18日。
［2］毛泽东：《关于华北我军应坚持统一战线政策的指示》，1937年12月17日。

在统一与各部范围内工作，一切须取得阁之同意。"[1]

12月21日，张闻天在《解放》周刊上发表《巩固国共合作，争取抗战胜利》一文，其中说："使国共两党合作发展与巩固起来，更是今天坚持抗战，争取抗战最后中心之中心"，"这中间决不能包含有丝毫的虚伪与玩弄"，国共两党应当"互相帮助，互相发展"。"说共产党要在国共合作的过程中同国民党争取领导权，这种说法，显然同共产党抗日民族统一战线的基本政策，完全不相符合，像抗日救国这样的大事，决不是一党一派所能担负起来的，所以共产党人始终主张各党各派的合作，以达到'共同负责，共同领导'的目的。""目前抗日战争中，蒋介石先生所领导的国民党已经处在领导地位，这是谁也不能否认的事实。""我们是竭诚拥护现在蒋介石先生领导下的国民政府的，因为这个国民政府今天是一个已经开始担任着国防任务的政府，已经开始代表着民族利益的政府，这是全中国人民自己的中央政府，也是我们共产党人的中央政府。"[2]

12月24日，毛泽东、萧劲光、谭政致电五县八路军留守兵团所属的绥德、米脂、清涧、葭县、吴堡）警备区、两延（延川、延长两县河防）司令部等："扩大和巩固统一战线，始终是我们的中心与方针"，"为达到扩大统一战线的目的，在共同负责、共同领导、互相帮助发展的口号下，与各统一战线的地方工作当局协商，群众工作的进行，必须注意尽量取得他们的同意与合作，从抗战利益出发，说服他们采纳我们的意见与建议，万一不能同

---

[1] 毛泽东：《关于华北我军应坚持统一战线政策的补充指示》，1937年12月20日。
[2] 洛甫：《巩固国共合作，争取抗战胜利》，《解放》第28期。

意时，不应勉强而应暂时让步。""对于友党友军及地方当局某些弱点，应采取善意的批评与建议，避免讥笑与讽刺。""对于政府抗战的决心及其他好的设施与表现，友军抗战的英勇与牺牲的精神，应加以表扬与赞勉。""帮助政府进行征兵动员，予以必要之保证，同时应要求政府帮助我们完成募补计划。""没收汉奸财产及处理、捉汉奸必须取得政府的同意，最好是交给他们处理。"[1]

12月28日，中共中央在关于十二月会议情况给共产国际的报告中说："此次政局会一致地接受了国际的指示，检查了过去统一战线工作中一些经验教训，纠正了在实际工作中的某些偏向，使统一战线政策有了新的发展。"[2]事后看，这次会议实际上"纠正"的是本来正确的东西。由此可见，王明在十二月会议上的一些观点，还是或多或少产生了影响的，说王明在全民族抗战之初犯了右倾错误也不算为过。

---

[1] 毛泽东、萧劲光、谭政：《关于红军在友军区域内坚持统一战线的指示》（1937年12月24日），中央档案馆：《中共中央文件选集》第11册，中共中央党校出版社1991年版，第408页。
[2] 《中央关于政治局会议情况及决定事项向共产国际的报告》，1937年12月28日。

第三章　长江局与延安的分歧

十二月政治局会议后,王明前往武汉工作,开始在实际工作中贯彻他的那些主张,不但继续鼓吹"一切经过统一战线",还提出要统一指挥、统一纪律、统一武装、统一待遇、统一作战计划,并且在一些重大问题上不请示中共中央而擅作主张,与中共中央闹独立性。

一、十二月会议之后的王明

十二月会议结束不久,因蒋介石要了解共产国际对中国抗战特别是对国民党的态度,特邀王明赴武汉一谈,王明即于12月18日同周恩来、邓颖超、博古、孟庆树等到达武汉。

12月21日晚,王明同周恩来、博古与蒋介石就国共关系等问题进行了谈判,先由王明说明抗战形势、两党关系、合作任务及共产国际活动情形与某些提议,次由博古将边区、联络参谋、办事处、参观等问题加以回答,再由周恩来说明具体建议,如成立两党关系委员会,决定共同纲领,出版日报,成立国防委员会、征兵委员会,扩大和改造部队等。据当晚王明、周恩来等给张闻天、毛泽东及政治局的电报,此次蒋介石当场答复,"所谈极好,照此做法,前途定见好转","彼(指蒋——引者)所想的亦不过如此。对我们所谈完全同意。彼也认为外敌足虑,他愈前进困难愈多,(我)军事虽失利,并不足虑,只要内增团结,胜利定有把握,前线将领士气甚旺,极可乐观"。蒋介石还答复,今后两党关系已告陈立夫等人与王明等"共商一切,最后留王明在汉相助"[1]。

这次会谈后,国共双方确定了两党关系委员会的组成人员,中共方面为周恩来、王明、秦邦宪、叶剑英,国民党方面为陈立夫、康泽、刘健群、张冲。

12月23日,中共代表团与中共中央长江局召开第一次联席会议,在讨论组织问题时作出以下决定:鉴于代表团与长江局的人员构成大致相同,为了工作便利起见,决定合为一个组织,对外叫中共代表团,对内叫长江中央局;长江局由项英、博古、周恩来、叶剑英、王明、董必武、林伯渠组成,暂以王明为书记,周恩来为副书记。以上三项需呈报中央政治局批准。长江局下设五个机构:参谋处,叶剑英为参谋长;秘书处,李克农为秘书长;民运部,董必武兼部长;组织部,博古兼部长;党报委员会,王明任主席。十二月会议决定的长江局组成人员名单中,原本没有王明,而是决定"王明去武汉一次,见蒋介石,因蒋有电来要他去"[2],即是说王明去武汉的任务主要是见蒋,而不是领导长江局。周恩来后来曾说:"长江局书记,本来是我,我错误地

---

[1] 中共湖北省委党史资料征集编研委员会等:《抗战初期中共中央长江局》,湖北人民出版社 1991 年版,第 115—116 页。
[2] 《中央关于政治局会议情况及决定事项向共产国际的报告》,1937 年 12 月 28 日。

推给你。"[1]会后,长江局将以上决定报告中共中央政治局,政治局虽未明确批示,但亦未予否认。[2]

第二天,长江局会议讨论通过了王明起草的《中共中央对时局的宣言——巩固国共两党精诚团结,贯彻抗战到底,争取最后胜利》。1938年1月1日出版的《群众》周刊第4期全文发表了这个宣言(所署日期为1937年12月25日)。宣言说:

"自芦〔卢〕沟桥事变以来,我国军民在国民政府军事委员会委员长蒋先生领导之下,对暴敌已进行了五个半月的英勇抗战。""中国共产党中央委员会正式宣言:蒋介石先生本年十二月十七日告全国国民书所提出之'贯彻抗战到底''争取国家民族最后之胜利'之主旨,与本党目前对时局的基本方针,正相符合。中共中央坚决地相信国共两党同志和全国同胞,定能本此方针,亲密携手,共同奋斗。"

"中共中央正式向全国同胞宣布:当此民族危机更加紧迫之时,我全民族抗日力量的更加团结,实为挽救时局的中心关键。团结全民族抗日力量的根本方策,在于巩固和扩大抗日民族统一战线,而巩固和扩大民族统一战线的中心环节,则为巩固国共两党的亲密合作。中共中央认为当前足以告慰于全国同胞的,就是在国共两党方面不仅都有了更加精诚团结必要的认识,而且都有了更加亲密合作的决心,共产党不仅诚意在抗战阶段中与国民党并肩携手地共同救国,而且决心在抗战胜利后与国民党和衷共济

---

[1] 王秀鑫:《中共中央政治局十二月会议和三月会议》,张树军、齐生主编:《中国共产党八十年重大会议实录》上,湖南人民出版社2001年版,第157页。

[2] 周国全、郭德宏:《王明传》,安徽人民出版社1991年版,第95页。

地共同建国。"

宣言还提出了"为保障继续持久抗战，争取最后胜利"，国共两党应"共同努力实现"的六项工作：

（一）动员全中国的武力、人力、智力、财力、物力，继续守土卫国的长期抗战。这首先要坚持华北和东南的持久抗战，巩固江防，保卫武汉，发展敌人占领地区的广大游击战争，援助东北及各地的义勇军，来击破敌人的前进，阻止敌人的深入，以便争取时机，加强力量，准备进行决定的战斗。

（二）巩固和扩大全中国的统一的国民革命军。在政治上、组织上、武装上，加强现有军队，建立新部队，有组织地进行征募兵役运动，使我国在持久抗战中，有统一指挥、统一纪律、统一武装、统一待遇、统一作战计划的足够数量的有新式武装的和政治坚定的国防军队。

（三）充实和加强全中国统一的国民政府。吸收坚决参加抗战的各党派各团体的有威望、有能力的代表，参加政府工作，刷新各省吏治，肃清贪污腐化分子，使政府一切机构和施政方针，能适应抗战胜利的需要。

（四）实行国防经济政策。首先须努力建立军事工业，加速军事交通和实行战时财政政策。

（五）建立巩固后方，动员和组织广大民众协助军队和政府积极抗战。一方面坚决肃清汉奸、敌探及日寇走狗的托洛茨基匪徒分子，另一方面广大地动员组织和武装政府统治区域和被敌占领区域的民众，使之积极参加各种有利于战胜日寇的工作，同时加紧动员千百万国外侨胞尽力于保卫祖国的各种事业。

(六) 扩大国际宣传和增加国际援助。[1]

长期以来，人们对这个宣言的评价多是从批判的角度作出的，认为这六大纲领否定了中国共产党在抗日战争中的领导地位，甚至被认为"是完完全全的投降主义纲领"，是王明有意"与洛川会议通过的十大纲领相对抗"。不过，应该看到，这六项内容是以中共中央的名义发表的宣言中提出的，而在公开发表的宣言中明确提出中共在统一战线中要取得领导地位，在当时的历史背景下显然不那么合适。说这个纲领是一个"完完全全的投降主义"纲领，似乎有些言重。问题的关键是这么用中国共产党名义发表的宣言，竟然没有事先呈报经过中共中央批准。这显然严重违背了组织原则，表明王明一到武汉就与中共中央闹独立性。

上述六项工作中，最引人注目的是王明在他原来观点的基础上，进一步提出了"统一指挥、统一纪律、统一武装、统一待遇、统一作战计划"的"五统一"论，这也在后来被认为是王明右倾错误（或右倾投降主义）的重要依据。这"五统一"自然是不可能做到的，如果说王明右的话，主要是他对蒋介石寄予的希望过大，认为国民党和蒋介石有进步到平等对待中共及其领导军队的可能，也认为国民党军队有提高到八路军纪律的可能。在王明看来，中共军队固然要接受蒋介石的统一指挥，但蒋介石也应当给八路军以与国民党军队一样的武装与待遇，并使国共两党的军队变成真正统一的国防军，这也表现了王明在国共合作问题上的一

---

[1]《中共中央对时局的宣言——巩固国共两党精诚团结，贯彻抗战到底，争取最后胜利》(1937年12月25日)，中共中央书记处：《六大以来——党内秘密文件》上，人民出版社1981年版，第898—899页。

厢情愿和书生之见。

同一天，王明在汉口与美国合众社记者白得恩谈话，回答了中国共产党的政策和主张等问题，说："中国共产党不仅在现在阶段上与国民党共同救国，而且准备在抗战胜利后，与国民党员共同为建立独立自由幸福的新中国而奋斗。"并且吹捧"国民政府军事委员长蒋先生精明坚决、雄才大略，力能胜任领导全国抗战"，又说："抗战以来，中国在各方面已有相当进步，例如政府开始成立全中国统一的中央政府"，"同时，开始建立了全中国统一的国民革命军的基础，更有重大意义"。[1]

12月27日，王明写出了《挽救时局的关键》一文。文章解释了关于国共两党合作的原因、目的，指出巩固和扩大抗日民族统一战线，加强全民族抗日力量的团结，是目前挽救时局的关键。文章指出："目前挽救时局的中心关键，在于我全民族抗日力量的更加团结。同时，事实已经确切证明：团结我全民族抗日力量的唯一正确方策，便是巩固和扩大抗日民族统一战线。"

那么，怎样才能巩固和扩大抗日民族统一战线呢？文章认为，首先须更加巩固和扩大两大政党——国民党和共产党——的亲密合作。虽然国民党已经实行了联共抗日的政策，红军已改编为国民革命军第八路军，苏区已改为中华民国的边区，国共合作的基础实际上已经奠定了。但由于历史的和其他的种种原因，国共两党的合作直到现在，还未达到中国现时环境和两党主观愿望所要求的应有程度。"因此，当目前民族危机更加紧迫的困难关头，怎样巩固和扩大国共两党的团结，已经不仅成为国共两党同

---

[1]《中国共产党现阶段的政策及对抗战的各种主张》，《新华日报》1938年1月18日。

志所日夕关切的问题,而且已经成为每个关心国事同胞和每个中国友人所深切系念的问题。"

文章进而指出,虽然国共两党合作已成为举世皆知的事实,但是,在两党方面,的确都还有少数人不清楚了解两党合作的许多基本问题。

其一,这些人不清楚了解今天两党合作的主要原因和主要目的,是共同战胜民族公敌的日寇,以争取和保障中华民族之生存和独立,忽略了"抗日高于一切,一切服从抗日"的言行准则,以致引起抗日民族统一战线营垒中的许多不应有的摩擦或裂痕。

其二,这些人不清楚了解对同盟者应有的态度,不是一方面压迫另一方面或者一方面投降另一方面,而是双方面互相尊重、互相信任、互相帮助和互相监督,对同盟者应有的方针,不是互争雄长、互相倾轧和互相捣乱,而是双方面共同负责共同发展和共同胜利;因而自觉地或不自觉地把对付敌人的态度和手段拿来对付自己的朋友,做下了破坏民族统一战线和有利于敌寇的事情。

其三,他们不清楚了解国共合作和整个抗日民族统一战线的前途。中国共产党所提的民主共和国,绝不是苏维埃式的或非资本主义性质的民主共和国,它将是而且一定是一切参加对日抗战到底的各种力量所共有的民主共和国。如果国共两党以合作的力量和方式达到驱逐日寇出境的胜利,那么,国民党在实际上证明其为中国人民的民族生存而奋斗的最大政党,国民党的领袖蒋先生及其他坚决领导抗战的人物,将成为中国的不朽的民族英雄,那时候,谁能违反中国人民的意志而进行推翻国民党的斗争呢?当然,同样,那时候,中国共产党也将是更加为中国人民所爱戴和拥护的重要政党之一,谁也不能违反民意而进行打倒共产党的行动。那时国共两党将因患难相共、艰苦共尝而更加亲密携手地进行共同建国的工作。

文章得出结论:"今天合作的主要原因,为民族大敌当前,今天合作的主要目的,为共同抗日;对同盟军的应有态度和方针应当是互相尊重,互相信任,互相帮助,互相监督,共同负责,共同发展,共同胜利;国共合作和整个抗日民族统一战线的胜利前途,应当是共同建立独立自由幸福的新中国。这都是现在更加巩固和扩大国共合作的基本条件。"[1]

王明在文章中还提出了几个后来颇受人诟病的观点。一是前文已引用的称蒋介石"将成为中国的不朽的民族英雄"。另一个是他在文章中说国民党"是中国一大部分优秀进步青年的总汇"。再一个是他提出国民党中"没有什么法西斯蒂派"。对于后面两个观点,他在文章中是这样说的:"必须承认国共两党以外,在中国还有其它抗日党派和团体的存在——不错,国共两党是中国力量最大和群众最多的政党,是中国一大部分优秀进步青年的总汇。"[2]"必须解除抗日力量内部的各种不恰当的有害的误会——首先必须解除一部分人士对于救国会或国民党内某部分人们的误会;例如,有一部分人硬要把救国会的抗日爱国志士们叫作'人民阵线派',另一部分人硬要把国民党中某部分参加抗战的朋友们叫作'法西斯蒂派'。大家应该说句公道话:中国既没有什么

---

[1]《王明言论选辑》,人民出版社1982年版,第546—550页。
[2]《王明言论选辑》,人民出版社1982年版,第551页。

人民阵线派，也没有什么法西斯蒂派。"[1]如果仅从文字看，王明对蒋介石和国民党确有吹捧、讨好之嫌，不过笔者认为，这毕竟是王明公开发表的文章，某种意义上看，其出发点是为了鼓励和推动国民党坚持抗战，改进与中共的关系。但王明没有认识到，国民党与蒋介石是否进步，不是对其说几句赞扬的话就能做到的。这种情况表明，王明在对待国民党、蒋介石的问题上，没有起码的原则立场。

在统一战线问题上，毛泽东的策略是既团结又斗争，团结是目的，斗争是手段，通过斗争达到团结，当然斗争要做到有理、有利、有节。与此相比，王明关于统一战线的策略是不要去刺激国民党和蒋介石，而且在可能的情况下还应当对其有所迁就，为了鼓励国民党和蒋介石坚持抗日，必要时应给其戴高帽子，这样做是"一切为了抗日"。须知，与蒋介石这样具有丰富政治斗争和反革命经验的人合作，不是靠送几顶漂亮的帽子，说几句奉承他的话就能解决问题的。蒋介石固然有其抗日的一面，但也有其反共的一面，虽然这两个方面在不同时期侧重不同，但蒋介石在抗日的同时始终不忘记反共，这就决定了王明的统一战线策略的最后命运。

1938年1月，王明在武汉大学作了《抗日的民族统一战线》的讲演，重申了他关于坚持抗战和巩固抗日民族统一战线的相关见解。他说："今天的合作是为了抗日，为了抗日的胜利，要抗日胜利必须有共同的军队，统一的国防政府。有些人说现在共产党对蒋先生很好，这是真的。我们拥护蒋先生，不是为他个人，

---

[1]《王明言论选辑》，人民出版社1982年版，第552页。

而是因为他代表了国民党最大的力量,他坚决抗日,他领导站在抗日前线的青年军事干部。"他又说:"目前我们把民族问题提高,对外抗日高于一切,一切服从抗日;对内民权和民生不是主要问题,而是附属于抗日问题的。"[1]并说:"在对内的问题上,现在也有一种恶倾向,就是先问民主自由够不够,然后再谈统一战线。这是不对的。统一战线的建立,抗日之外没有其他的条件。"[2]"抗日的就是友,不抗日的就是敌,其他问题在抗日中慢慢解决,民生民权问题不是不谈,而是在抗日的总题目下谈,不能妨碍统一战线。"[3]

王明在演讲中还公开表达自己对于游击战的不以为然。他说:"我们相信没有统一的正规国防军队决不能战胜日本帝国主义,现在大家都在喊游击战,好像有了游击战甚么都不成问题似的,其实单有游击战,没有与正规军队配合,是不能有决定作用的,将来与日本帝国主义最后决战必须是强有力的正规军,西班牙的政府军现在所以节节打败德意法西斯联军,就因为他们从游击队锻炼出强大的国防正规军,这可以作我们的借镜。"[4]

从全国的抗战形势看,王明的这番话自然有其道理,要想战胜日本帝国主义,既要有游击战,也离不了运动战和阵地战,既要有游击军,也需要正规军。全民族抗战爆发后,毛泽东等人对游击战重要性的强调,主要是针对八路军的作战方针而言,也是适合八路军的当时的实际情况的。强调八路军独立自主的山地游

---

[1]《王明言论选辑》,人民出版社1982年版,第558页。
[2]《王明言论选辑》,人民出版社1982年版,第559页。
[3]《王明言论选辑》,人民出版社1982年版,第559页。
[4]《王明言论选辑》,人民出版社1982年版,第563页。

击战，并不是要求国民党军队也如同八路军一样以游击战为主要作战方式。但他对于游击战的不屑态度，至少在立场上有问题。就当时中共领导的武装力量而言，不但人数少，而且装备差，如果主要开展阵地战和运动战，恐怕几个大的战役下来也就所剩无几了。毫无疑问，开展游击战是八路军、新四军在保存发展自己的同时，消灭敌人有生力量的唯一选择，历史也证明毛泽东在抗战之初确定的这一战略方针，确有高人一筹之处。王明回国之后的一系列言论之所以脱离实际，一个很大的原因，就在于他考虑问题的角度是全国的，并且很大程度上是中共在统一战线中，已居于领导地位的假设出发的。这恰恰说明王明的主观主义，不切实际。

1月下旬，王明在《战时青年》杂志第2期发表《抗日民族统一战线之理论与实践——在武汉大学讲演词》，一方面强调建立抗日民族统一战线的必要性，另一方面过高地估计了国民党政府的变化，说"今天的政府已经和抗战前的政府有根本的不同，对外它是武装抗日的"；并且继续强调要有"统一的国防军队"，要实行几个"统一"；还继续贬低游击战的意义，说什么"我们相信没有统一的正规国防军队决不能战胜日本帝国主义，现在大家都喊游击战，好像有了游击战甚么都不成问题似的，其实单有游击战，没有与正规军队配合，是不能有决定作用的，将来与日本帝国主义最后决战必须是强有力的正规军"，"应该把军队以及一切地方如北方人民武力集中起来，作庞大的运动战"；等等。

与此同时，王明的一些观点，还通过《新华日报》发表出来。1938年1月12日（即创刊的第二天），该报发表题为《团结救国》的社论，提出"一切经过抗日民族统一战线"作为团结救国的方针。社论说："首先要大家相见以诚，其次要大家一切为公，再次要大家互相尊重互相信任互相帮助，再其次要大家共同工作共同负责共同发展。抗日高于一切，一切服从抗日，应当是大家公守的信条；一切为着抗日民族统一战线，一切经过抗日民族统一战线，应当是大家工作的方针；凡是有利于敌寇的事情都不为，凡是有益于抗敌救国的事情都要做，应当成为大家坚守的法规；抗敌朋友一方面的成败，就是大家共同的成败，抗敌力量任何方面的得失，就是大家共同的得失，应当成为大家互助的基础；巩固各党各派的抗日救国合作，拥护领导抗战的统一政府，巩固和扩大坚决抗战的统一军队，拥护领导军民抗战的最高统帅，实现军民一体，做到各界一致，达到举国一心，应该是巩固和扩大民族力量团结的具体表现；驱逐日寇出境，建立独立自由幸福的新中华，应该是民族力量团结的奋斗目标！"

1月29日，《新华日报》发表《建立新的军队》的社论，提出"建立新的军队的目的，是要建立真正的统一指挥、统一编制、统一组织、统一武装、统一待遇、统一补给、统一政治工作和统一作战计划的国防军，就是说，完全统一的国防军"，即八个统一的观点。

王明在统一战线中放弃独立自主原则，还可以从他对晋察冀边区成立一事看出来。1937年10月，八路军第一一五师政治委员聂荣臻率领3000余人的部队和军政干部，在主力南下后驻留在五台山地区组织工作团，分赴晋东北、察（哈尔）南和冀北地区，广泛发动群众，开展游击战争，成立了以聂荣臻为司令员兼政治委员的晋察冀军区，开创了晋察冀抗日根据地。这也是八路军建立的第一个敌后抗日根据地。1938年1月10日，晋察冀边区在阜平召开军政民代表大会，选举产生晋察冀边区临时行政委员会。在此之前,为使边区临时行政委员会得到国民党第二战区同意,曾由阎锡山(第二战区司令长官)任命的山西第一行政公署主任兼五台县县长宋劭文(中共地下党员)出面,连续给阎锡山发了七封电报,但阎始终不理。聂荣臻问宋电报是如何写的,宋说内容是讲这样做有利于抗战大局。盂县县长胡仁奎了解阎的心思,说这样写阎肯定不感兴趣,应说成立这个机构对山西有利,可以扩大山西的地盘,扩大到河北和察哈尔去。宋根据胡的意见重拟了给阎的电报,阎果然很快复电表示同意,并说已由他的秘书长致电国民党的中央政府行政院备案。

边区临时行政委员会成立后,从延安发出了晋察冀边区军政民代表大会通电。在武汉王明等人收到这一通电后,明确表示不赞成这种做法,并于1月28日致电中共中央书记处并转朱德、彭德怀、任弼时、胡服(刘少奇),提出:(一)"关于我军在华北驻区遵守形式上维持原有的政权形态实际上政权在民众手中之原则,政治局会议上已有讨论,此次所采取的已成事实方式,通电逼蒋阎承认,对全国统一战线工作,将发生不良影响";(二)"以边区名义出面,在客观上帮助'抗战胜利后是共产党天下'的谣传";(三)"通电不从临汾发出,而从延安,更增加对国民党之刺激"。电文还说:"以后务须避免此种工作方式";"对此事应首先设法取得阎百川(即阎锡山——引者)之谅解,然后由阎批准,再经过阎呈报中央";"最好不用边区名称"[1]。

严格说来,王明的上述文章与演讲所体现出的观点,并没有投降国民党的主观故意,而是对国民党的进步估计过高,过

---

[1] 周国全、郭德宏、李明三:《王明评传》,安徽人民出版社1989年版,第328页。

分依赖统一战线去争取抗战胜利（把抗战胜利的希望完全寄托在统一战线上，而统一战线巩固发展与否，在他看来关键在于国民党），实际上是将抗战胜利的希望寄托在国民党身上，对共产党自身的力量估计不够。于是，一方面极力表明共产党对国共合作的诚意，另一方面又极力去推动国民党进步，为此不惜讨好蒋介石和国民党，甚至给其戴上各种高帽子。从理论上，王明的观点并无大错，关键是行不通。这是当时统一战线的形势所决定，当时的情况下，统一战线实际上是松散的，对各方都是没有实质性的约束力的，蒋介石更不会按照王明设计的路线去走。

二、三月中共中央政治局会议

2月7日，王明、周恩来等致电中共中央书记处，"因最近时局中发生许多新的严重问题"，建议在2月20日前后召开政治局会议。第二天，中共中央书记处复电同意，并提出请王明准备政治报告。那么，这段时间发生了哪些"严重问题"？

1937年12月26日，国共两党关系委员会召开第一次会议，此会"开得仿佛很顺利，并且决定由周恩来、刘健群来起草两党共同纲领"[1]。同月30日，两党关系委员会召开第二次会议，中共代表团提出了由周恩来起草并经长江局临时会议原则通过的《中国人民抗日救国纲领（草案）》，国民党代表却故意将会议的议题，转到请求中共帮助促使苏联出兵援华抗日问题上，并未讨

---

[1] 中共中央文献研究室：《周恩来传（1898—1949）》，人民出版社、中央文献出版社1989年版，第396页。

论该纲领草案,仅在文字上提了些意见。[1]"以后,双方代表虽继续磋商,国民党中央却始终没有表示正式意见,共同纲领问题事实上被搁置起来,两党关系委员会也成了形同虚设。"[2]

1938年1月17日下午,有数十名手持铁棍斧头的暴徒,闯进刚创刊几天的《新华日报》营业部和印刷厂,推翻柜台,推倒字架。宪兵赶到之后,抓住了两名暴徒(很快又将其放走),其他人扬长而去。事后了解,这伙人是受国民党特务唆使来捣乱的,其用意是企图阻止《新华日报》的出版。事件发生的当天,长江局即召开会议并作出《关于〈新华日报〉被捣问题的决议》,提出了处理此事件的具体办法,如由中共代表团将此事电告蒋介石,请其设法制止;由周恩来、叶剑英分访武汉军政当局,要求其采取有效措施,保证今后不再发生此类事件等。长江局还将此次事件的经过及该决议向中共中央作了报告。

一波未平,一波又起。1月23日,国共两党关系委员会举行会议,康泽、刘健群在会上宣扬"一个党""一个领袖""一个主义",污蔑八路军在华北"游而不击"。次日,王明、周恩来等致电中共中央书记处,报告了上述情况,并提议八路军在敌后争取新的、较大的军事胜利,新四军迅速出动抗日前线,在长江南北创建新的军事力量,以回击国民党的诽谤。[3]

---

[1] 中共湖北省委党史资料征集编研委员会等:《抗战初期中共中央长江局》,湖北人民出版社1991年版,第886—887页。

[2] 中共中央文献研究室:《周恩来传(1898—1949)》,人民出版社、中央文献出版社1989年版,第396页。

[3] 中共湖北省委党史资料征集编研委员会等:《抗战初期中共中央长江局》,湖北人民出版社1991年版,第890—891页。

然而，国民党对于"一个党""一个领袖""一个主义"的鼓噪并没有就此停止下来，此后一段时间，其控制的《扫荡报》《武汉日报》等，相继发表一系列鼓吹"一个党""一个主义""一个领袖"的文章。2月7日，《扫荡报》在其社论《强固统一》中说："今中国各省区，除失地及外蒙以外，其他各省，已完全奉行中央政府之政令与法令，此不能不谓为中国政治之极大进步，然吾人若谓以中国之大，无一处对中央之政令与法令阳奉阴违者，实为欺人之谈，不宁唯是，甚或以种种名义，成立特殊政治组织，以自成一系统，以自蓄其势力者，亦不能谓无有，吾人试一瞻望中国之西北部，而想象其各色各样之现象，便可知吾人之所言，并非无病呻吟。"社论声称："欲使国家趋于绝对统一之途，必须一党专政"；"无论由任何方面而言，国民党皆可胜任一党专政之责，决不能亦不容代表其他主义之党存在"。"目前如有反对一党专政者，即无异于反对统一，反对统一者，即无异于破坏抗日，为虎作伥，此又千古不易之铁则也。"

2月9日，长江局致电中共中央书记处，提出关于对付国民党一党一政一军谬论的对策。电报说，2月7日《扫荡报》社论公开提出这种谬论，2月6日《武汉日报》亦有同样性质社论，此前《民意》《血路》《抗战与文化》等杂志上，反共文字连篇累牍，此为最近两月来国民党内及各方面，进行活动之所谓一个主义一个党运动的表面化的结果。关于一个党一个主义问题，已成街谈巷议之资料，对于这一切问题，我们已到不能不公开答复之机会。我们决定，对于党和主义问题，用毛泽东名义发表一篇2月2日与延安《新中华报》记者其光的谈话，此稿由绍禹起草，经过长江局全体同志校阅和修正，现用油印发各报馆杂志及通讯社,明日《新华日报》一次登完,此稿所以用泽东名义发表者,一方面使威信更大,另一方面避免此地负责同志立即与国民党正面冲突,不过因时间仓促及文长约万字,不及事先征求泽东及书记处审阅,请原谅。[1]

2月11日,《新华日报》全文发表《毛泽东先生与延安新中华报记者其光先生的谈话》,第二天出版的《群众》周刊第1卷第10期亦全文刊载。谈话说:"只允许国民党一党合法存在,不仅不承认共产党和其他政党(国家主义青年党、国家社会党等)的合法存在地位,而且企图以武装力量去消灭国民党以外的其他党派,这在中国不仅不是什么新的理论,而且是曾经实行过十年的旧的事实,然而这个事实的惨痛结果是:不仅内部纷争不已,而且招致来空前未有的外患。""今天有些人宣扬的不许国民党以外的任何政党存在的理论,实际上是中国历史事实上已经否定了的理论,是使中国恢复到抗战以前的纷争局面的企图,同时就是使中国已由抗日民族统一战线而形成的统一局面不能继续,因而也就是使中国再形成无力对日抗战的局面。""只允许国民党一党合法存在,中国才能统一才能抗日的理论,是不合中国实际生活的理论,是使中国既不能真正抗日的理论,这种理论决不能为中国爱护统一和坚决抗日的军民所接受。"[2]

这个谈话有力驳斥了国民党顽固派"一个党""一个主义"的谬论,在当时产生了良好的政治影响。1938年2月27日,王

---

[1] 周国全、郭德宏:《王明传》,安徽人民出版社1998年版,第101页。
[2] 中共中央文献研究室、中央档案馆:《建党以来重要文献选编》第15册,中央文献出版社2011年版,第55页。

明在中央政治局会议的报告中说:"毛宣言发表后,蒋在政治上受了一个打击,说扫荡、武汉日报的言论他不能负责。"并说,"蒋介石感觉不要用毛的名义,不必小题大做。蒋企图利用新华日报与扫荡报来闹,蒋介石出来作结论。现在各处都取消了一个政党的口号"[1]。这年5月17日任弼时在给共产国际的补充汇报中说:"为着答复复兴社分子消灭共产党的企图,揭露蒋介石引诱我们成为国民党内一个派别的意图,中国党由毛泽东同志发表了谈话。""毛泽东同志的谈话发表后,一般是得到很好的印象。国民党中一部分元老和许多党员及进步群众,都认为取消共产党是办不到的,而对复兴社和托派分子所引起两党关系之恶化,表示忧惧,惟恐因此而引起两党合作的分裂。对于复兴社利用与勾结托派,表示不满意。""蒋介石后亦声明并不取消共产党,只要意志统一,思想可以自由,并表示复兴社的言论不能代表国民党的意见。自此以后,一个党、一个主义等类口号,也不再提出了,且下令各报不谈党派问题。"[2]但是,这个谈话并未经毛泽东本人同意就公开加以发表,至少是对毛本人的不尊重。可以说发表这个谈话虽然事出有因,效果也好,但程序不当。

2月15日,王明、周恩来、博古又一次致电中共中央书记处并任弼时、凯丰、朱德、彭德怀,提议在即将召开的政治局会议上讨论两个议题:抗战形势及如何保障继续抗战和取得最后胜利问题,中共七大准备工作问题。[3] 2月23日,王明、周恩来、博

---

[1] 郭德宏:《王明传》,人民出版社2014年版,第291页。
[2] 《任弼时选集》,人民出版社1987年版,第183—184页。
[3] 周国全、郭德宏:《王明传》,安徽人民出版社1998年版,第102页。

古再次致电中共中央书记处：长江局关于政治局会议决议：一、以长江局会议讨论结果，委托绍禹、恩来两同志作为向政治局会议之建议；二、会议日期建议以两日为限；三、长江局由绍禹、恩来同志回去代表参加会议，并在会议后立即返汉；四、会议后请求中央多派能独立领导工作的同志出来担任各方领导工作。[1] 作为中共中央的下属机构，长江局此举从组织原则上说确有不妥，难免有下级凌驾于上级之上之嫌。"毛泽东对长江局的这种作风很生气。他说，在三月会议时，长江局先打一个电报，规定议事日程，决定某某人要回长江局工作，这种态度我不满意。"[2]

2月27日至3月1日，中共中央政治局会议在延安召开，史称三月政治局会议。会议的主要内容是讨论抗战形势、国共两党关系和党的任务及军事问题，出席会议的政治局成员有毛泽东、王明、张闻天、周恩来、康生、凯丰、任弼时、张国焘等。政治局委员朱德、彭德怀、刘少奇在华北抗日前线，项英在新四军，邓发在新疆工作，陈云因病休养，故未能与会。会议由张闻天主持，王明作政治报告。

王明在报告中说，前次政治局会议决定的方针，最近事态发展证明我们的方针是正确的。今天比前次政治局会议的形势更严重。当时是上海南京失守时，目前是平汉津浦更严重的时候，武汉危急的时候。有人估计武汉（危急）如果失掉，可能发生新的现象，有一部分人发生动摇、悲观、失望，而引起新的分裂，发生新的军事政治上的变化。

---

[1] 珏石：《周恩来与抗战初期的长江局》，《中共党史研究》1988年第2期。
[2] 珏石：《周恩来与抗战初期的长江局》，《中共党史研究》1988年第2期。

王明说，目前我们看到国民政府在政治上是有进步的，如（一）政治部的成立，国共两党委员会的成立，国民党内下级干部及一部分领袖也要求两党进一步地合作，国共合作是进一步的发展。（二）民众运动有了发展，如最近组成世界和平大会中国分会，并进行一周的青、妇、工、商等民众运动。最近武汉庆祝（苏联）红军胜利确实有五六千人到会，国民党不像以前那样地压制群众运动。（三）最近政治机构有了新的改革，如军委（即国民政府军事委员会——引者）的权力的扩大，政治部的成立，国民党开始企图组织民意机关。（四）国际援助运动的发展，特别是苏联进一步的实力援助中国，准备二十四队空军援助中国。中国军民在抗战中更有进步，如四川军队能守纪律并能打仗，韩复榘的军队在杀韩后更有进步，不像以前只是溃退。

　　王明又说，我感觉在前次政治局会议（确定）的方针还是正确的，但统一战线的基本政策在党内教育不够，没有许多新的论文解释。其次是前次政治局会议没有形成一个决议。同时对国民党提出的意见也没有写出来，这是政治上的损失。

　　接下来，王明重点谈到了怎样继续争取抗战胜利的问题，他提出了几点主张，如目前要发动广大群众来参加持久抗战；建议国民党采用什么办法来保卫武汉，同时在武汉不保情况下，如何继续抗战；培养军事干部，要使国民党能培养许多新干部；等等。王明还说：

　　在蒋统治区域内不允许组织游击战争，只允许在敌人后方组织游击战争。一是认为只有打游击战争，另一偏见便是不要游击战争，这都是不好的。八路军的战略问题，八路军不应集中在山西，应有新的布置。

新四军的战略问题，如何使新四军成为新的力量，现在蒋介石等国民党不承认国共合作，不许《新华日报》登国共合作，不许登共产主义、共产党等内容。陈立夫也认为只有共产党投降国民党。国民党认为军令统一，只有服从国民党军委的命令。所谓军政统一，便是人事的统一，八路军干部要由他们调动。

我们认为统一军令是统一指挥、统一纪律、统一供给、统一武器。此次苏联来的炮不肯发给。枪支允许发给一些。

国民党现在提出只要一个军队，我们也不能反对这个口号，现在《大公报》认为国家要有超党派的国家军队。关于统一军队问题，须在党内外进行教育。

党派关系问题，现在国民党进行一个党的运动，最近叶青又说，王明回来要共同负责共同领导，是新的东西来否认去年12月25日宣言（即前文提及的由王明起草的《中共中央对时局的宣言——引者）。确实过去的宣言在词句上是太让步了。

王明认为，现在许多人不了解什么是统一战线，应在党内进行教育工作。所谓"一个主义""一个政党"等问题，中共要说明国民党有长期的历史，不主张取消国民党，同时也说明不能取消共产党，说明取消共产党的不可能，同时说明取消两党组织一个大党的不可能。现在蒋介石认为一个大党好，但又声明不取消共产党，他的企图便是将国民党的名义改变，允许共产党加入成为共产派，不要单独的一个党。另一方面他相信国民党有办法，不要共产党帮助。蒋介石是大统一的思想，是改变国民党的名称，允许共产党加入，成为一派，不要独立的共产党。王明提出，国共合作的组织形式要考虑下列方式：（一）各民主派的联盟；（二）各党有一个共同的纲领；（三）恢复大革命时期的国共合作方式；

（四）各党派联盟的组织。

关于统一政府与拥护中央政府问题，王明表示，中共要说明反对不要中央政府的倾向，说明要统一的中央政府，拥护中央政府。关于陕甘宁边区问题，王明说，现在边区政府要开放党禁，允许国民党的公开活动，现在特区不允许国民党活动是不好的，我们现在要允许国民党活动，允许其他党派活动。以小的区域允许其他党派活动来换取全国共产党的活动。边区应选举党派代表参加，使之成为民主政治的模范区域。八路军新占领的区域还是中华民国的一部分，还是服从中央政府的。由此可见，王明关于国共关系和统一战线的主张，是站在国民党方面考虑问题的，尽管他这样做的目的是为了统一战线的巩固和发展，但这种无原则的迁就不可能达到巩固和发展统一战线的目的，而使自己失去原则立场。没有中国共产党的推动，就没有抗日民族统一战线；在统一战线里中国共产党不坚持独立自主原则，只会重蹈大革命失败的覆辙，统一战线最终也就不复存在。

报告中，王明还讲到了民众运动、农民运动、青年工作、外交、关于地方党的领导等问题。

本来，在2月7日王明等人给中共中央书记处的电报中说，现在国共关系面临"许多新的严重问题"，故而提议召开政治局会议，可在王明的报告中，却看不出国共关系有何"严重"，相反还对国民党的"进步"作了充分肯定和相当高的评价。对于其中的原因，笔者认为，这大概与2月10日周恩来等人见蒋介石有些关系。

据当天王明、周恩来、博古、叶剑英、董必武给毛泽东、张闻天等的电报，蒋对周说，对主义、信仰不欲限制各方，尤对孙中山所说三民主义与共产主义并不矛盾,任何人不能修改或反对;对各党派亦无意取消或不容其存在,唯愿溶成一体。周恩来说,取消两党都不可能,只有从联合中找出路,蒋介石回答说,这个问题可以研究。蒋还说,对一党政权不赞成,他的想法是延请各方人才参加政府;《扫荡报》言论不能代表国民党及他个人。随后周恩来与陈立夫的谈话中,经过周恩来明确表示党不能取消后,陈提出可在两党之外组织两党共同加入的三民主义青年团。陈立夫说,蒋介石批评了《扫荡报》,已要求各报今后不要登载此类文章。王明等在电报中说:"综观蒋之态度,(甲)对一党思想仍旧,但目前并无强制执行意,这与复兴社贺(衷寒)、康(泽)等有别。(乙)对八路军,态度尚好。(丙)对边区,想拖延。"[1]这次谈话后一段时间,由于蒋介石的干预,国民党关于"一个主义""一个政党"的宣传有所收敛。

3月11日,王明将他在政治局会议上的报告的内容加以发挥,写成《三月政治局会议的总结——目前抗战形势与如何继续抗战和争取抗战胜利》一文,在未经中共中央同意的情况下公开发表。

在关于抗战形势和保卫武汉问题上,该文认为,"从去年十二月上半月前一次政治局会议到现在的三个月过程当中,我国在军事上和政治上都表现出一些新的进步",其中政治方面进步的一个表现,就是"国共及一切抗日党派的合作,有进一步的巩固"。[2] 文章强调:"如果中国最后一个最大的政治军事,经济,

---

[1] 见中共湖北省委党史资料征集编研委员会等:《抗战初期中共中央长江局》,湖北人民出版社1991年版,第156页。
[2] 《王明言论选辑》,人民出版社1982年版,第566、567页。

文化的中心——武汉不幸终于被敌占领，则我国的抗战，无论在军事上、政治上都要处于比今天更严重更困难的局面；因此，保卫山西河南陕西以达到保卫武汉的目的，是一切抗日党派和全国军民今天最紧急最重要的任务。"文章还说，政治局会议对这个问题的意见是："我国军民现在应当尽一切可能用一切力量来达到武汉不被敌占领的目的，同时，并且应当对保卫武汉事业具有最高度的热忱和抱着最坚强的信心。"[1]实际上，毛泽东从持久抗战的考虑出发，并不赞成死守武汉，王明提出用一切力量保卫武汉仅是他个人的见解，他是把个人的主张当作中共中央的集体意见，显然是不妥当的。

在军事问题上，该文明确提出，必须"确定和普遍地实行，以运动战为主，配合以阵地战，辅之以游击战的战略方针"。为了能够真正顺利地实行这一战略，应做到以下各点：（一）组织相当数量的野战军团，在运动战中来消灭敌人、打击敌人和消耗敌人；（二）组织相当数量的挺进军团，深入敌人后方游击；（三）扼守几个重要支点，以阻止敌军的前进深入。王明认为，"建立真正统一的政治坚定的战斗力强的国民革命军"对抗战胜利至关重要，统一军队应有下列基本条件：（一）统一指挥；（二）统一编制；（三）统一武装；（四）统一纪律；（五）统一待遇；（六）统一作战计划；（七）统一作战行动。[2]这就是所谓的"七统一"。

从这里可以看出，王明的"五统一"或"七统一"，很大程度上是想当然的产物。王明并非主观上要将八路军、新四军的指挥

---

[1]《王明言论选辑》，人民出版社1982年版，第568页。
[2]《王明言论选辑》，人民出版社1982年版，第578—579页。

权交给蒋介石，其主要用意恐怕在于为中共领导的武装力量争取统一武装和统一待遇。在他看来，只有做到了上述几个方面的统一，才能建立统一的军队，而这支统一的军队不再是哪个党派的军队，不必再分共产党的军队与国民党的军队，成为统一的国防军。殊不知，蒋介石一向将其中央军视为自己的私人武装，他当然希望中共军队以及各地方实力派的军队，能统一于他的指挥与领导之下，但他决不可能将其中央军的指挥与领导权交出。所以，在当时的情况下，建立统一的国防军亦不过是王明的书生之见。

2月28日，张闻天作了《继续抗战与国共关系》的发言。对于国共关系问题，张闻天说，最近两个月来，两党关系是有进步的，蒋介石也看到，要继续抗战，国民党必须同共产党合作。但国民党又怕共产党与八路军发展，制造许多谣言，还利用托派向我们进攻，打《新华日报》馆，企图在政治上打击我们，限制我们。历史决定了国共两党需要合作，但是合作中存在着两党争取领导权的问题。中国资产阶级是有经验的。他们目前需要两党合作，但又怕我们发展；要利用共产党与人民的力量，但又害怕共产党与民众的力量。目前阶级斗争形势更复杂了。我们要看到，与国民党有些摩擦是不奇怪的。我们的任务便是要推动国民党进步。与国民党吵一下是难免的，但注意不要分裂了。我们无论何时不要忘记要与国民党合作，但也必须时时保持戒心。张闻天强调："我们一方面要保持与国民党的合作，同时也要发展自己的力量，在巩固国共两党合作原则下求得我党力量的巩固与扩大。""有些人一看到与国民党发生摩擦，就觉得恐怕马上要分裂了；一看到与国民党关系好一些，就认为没问题了。这些都是错误的。"[1]与王明为了统一战线不惜迁就国民党、抬高国民党相比，张闻天在这里实际上仍然坚持统一战线的独立自主原则。张和王明虽然在土地革命中后期都犯过"左"倾教条主义错误，但张闻天经过实际斗争的锻炼，已经逐渐摆脱了教条主义的束缚。

张闻天在发言中还认为，发展统一战线只与国民党谈判是不够的，必须用强大的民众力量来推动统一战线的发展，党必须用很大的注意力，具体研究职工运动、农民运动、青年运动问题，作出新的决议，党的力量要重新配备，要把更大的力量放到民运工作上去。与国民党的谈判不要许多负责同志去。他表示同意毛泽东大量发展党的意见，说目前只有九万余党员，人数太少。要发展民运，便要发展党。干部人数也很不够，今后要注意培养新干部，而新干部也只有在发展党的过程中来培养。

同一天，毛泽东在会上就抗日军事问题作了发言。毛泽东说："中国抗战最后是必然胜利的，但必须经过许多困难。国民党的腐败与共产党力量的不足，日本的兵力不足与野蛮政策，再加上复杂的国际条件，造成了中国抗战的长期性，即持久战。中国抗战应有战略退却，前一段没有大踏步的进退，只是硬拼，这是错误的。应该知道保存实力到最后便能取得最后的胜利。日军的继续进攻，将使中国被割断为许多块，因此在原则上应分割指挥，以便于发展。将来战争的具体形势，是内线外线作战互相交错，日军包围我们，我们在战役上也包围日军。"[2]关于国共

---

[1]《张闻天文集》第二卷，中共党史出版社1993年版，第387页。
[2] 中共中央文献研究室：《毛泽东年谱（1893—1949）》（修订本）中卷，中央文献出版社2013年版，第53页。

关系问题，毛泽东提出，为争取国民党继续抗战，合作形式将来可采用民族联盟或共产党员重新加入国民党，但是要保证共产党的独立性。发言中毛泽东还说："我同意要争取外援，但主要是靠自己，强调自力更生。""大大发展党员，中央应有新的决议"，"只有大党才能提拔大批干部"。[1]

在这天会议上发言的还有任弼时，他主要谈了持久战、八路军部署、国共两党关系及敌占区工作问题。发言说，日寇占领南京后，看到蒋介石没有屈服，又看到英美采取观望态度以及不能立即援助中国，准备以战争灭亡中国，我们要估计到西北与广东的交通打断时，有可能使部分人发生更大的动摇。国民党想主要靠外力援助。我们必须告诉国民党，战胜敌人主要靠自力更生，要建立自己的军事工业。关于保卫武汉问题，任弼时说，为了保卫武汉，八路军在山西只留一部进行游击战争，主力可移到黄河南岸，在鄂豫皖进行活动，主要是进行游击战争，也可以进行运动战，从侧面打击敌人。要加强下层的两党合作，要使晋察冀边区成为统一战线的模范区域，比别的地方进步些。阎锡山要维持山西，必须采取进步的办法，但他又建筑在旧的基础上，不可能有很大的进步。针对王明在报告中所说的"满洲人民革命军与地主关系弄得很好，使地主不反对我们"的问题，任弼时说："东北的统一战线工作经验不能机械拿到华北来用，如有人说，利用东北的经验，'打倒维持会'的口号是错误的。我想，维持会是应该打倒的。日寇维持统治的社会基础不是整

---

[1] 中共中央文献研究室：《毛泽东传（1893—1949）》，中央文献出版社1996年版，第513页。

个的地主阶级,有许多有钱的都逃出去了,它的基础是流氓及一部分反动的豪绅。"[1]

会上,周恩来就抗战形势、统一战线和如何保证抗战继续胜利等问题发言,并介绍了武汉各方面的情况,提出为保证抗战胜利,应向蒋介石建议:(一)战略方针以运动战为主,包括阵地战,以游击战为辅;(二)组织新的军队;(三)建立国防工业;(四)巩固后方。并指出现在统一战线运动扩大,但党组织的发展赶不上形势的发展,建议中共中央加强对中国南部的领导。[2]

据会后王明在《解放》周刊公开发表的《三月政治局会议的总结》和相关史料,此次会议重点讨论了如下问题:

——关于统一战线形式。"会议一致认为:解决此问题的唯一正确办法,在于遵照中山先生的精神,建立一种包括各党派共同参加的某种形式的民族革命联盟。"这种联盟建立的基本原则是:(一)各党各派各团体拟定一统一战线纲领作为各方宣传行动共同遵守的方针;(二)由各方代表组成一由上而下的即中央与地方的统一战线组织,以规划抗日救国的大计和调整各党派各团体间的关系;(三)参加此联盟之各党派仍保存其政治上和组织上的独立。统一战线组织形成的方式,或采取各党派各团体选派代表组织的方式,或恢复第一次国共合作的方式,或拟定其他的办法和方式,只要与团结抗战有利,中国共产党均愿与国民党

---

[1] 中共中央文献研究室:《任弼时年谱》,中央文献出版社2004年版,第369页;中共中央文献研究室:《任弼时传》,中央文献出版社、人民出版社1993年版,第427页。
[2] 中共中央文献研究室:《周恩来年谱(1898—1949)》(修订本),中央文献出版社1998年版,第415页。

及其他一切抗日党派诸同志共同计议和执行。[1]

——讨论了党"本身的强固和改进问题"。这些问题包括：（一）党今天在数量上还远不能适应抗战事业的需要。因此，要求全党同志把发展党员看作日常工作中的一种最基本工作。（二）党的质量（即社会成分）须要有大的变更。过去几年因为特殊的历史环境和种种原因，所以党员的社会成分是农民、雇农和手工工人占多数，大城市产业工人的比例不够，现在应当努力克服这一弱点，应当努力吸收重要产业的先进工人和先进知识分子入党。（三）因为国内外政治环境的复杂和紧张，因为新党员增加和老干部理论修养的不够，加强党内马克思列宁主义的经常政治教育，加强党内对三民主义的深刻研究，已经成为全党刻不容缓的严重任务。（四）加紧选拔和培养大批新的党的干部和非党的革命干部，以增强抗战的力量。（五）为适应抗战环境的需要，建立和健全地方党部的独立工作能力。（六）加强党报工作；等等。[2]毛泽东在会议上提出要"大量的发展党员"，并建议中共中央对这个问题作出决议。[3]张闻天表示同意毛泽东的意见，说目前只有9万余党员，人数太少。要发展民运，便要发展党。干部人数也很不够，今后要注意培养新干部，而新干部也只有在发展党的过程中来培养。[4]

根据毛泽东的建议，时任中共中央书记处书记、中央组织部长的陈云，主持起草了《中央关于大量发展党员的决议》。这年

---

[1]《王明言论选辑》，人民出版社1982年版，第583页。
[2]《王明言论选辑》，人民出版社1982年版，第589页。
[3] 中共中央文献研究室：《陈云传》上卷，中央文献出版社2005年版，第238页。
[4]《张闻天文集》第二卷，中共党史出版社1993年版，第388页。

3月15日，中共中央正式通过了这个决议。决议认为，由于日本帝国主义的压迫与民族革命的新高潮，由于党的抗日的民族统一战线政策的正确领导与党的影响的威信的扩大与提高，大批的革命分子要求入党，这给了我们发展党以极端有利的条件。"但应该指出，目前党的组织力量，还远落在党的政治影响之后，甚至许多重要的地区，尚无党的组织，或非常狭小。因此大量的十百倍的发展党员，成为党目前迫切与严重的任务。"决议为此提出了大量发展党员的具体要求，如打破党内在发展党员中关门主义的倾向，反对把党的注意力局限在恢复与审查旧关系和旧线索的狭窄圈子内；打破在统一战线中忽视党的发展，以为党的扩大无足轻重，甚至于取消党的发展的严重倾向；大胆向着积极的工人，雇农，城市中与乡村中革命的青年学生，知识分子，坚决勇敢的下级官兵开门，把发展党的注意力放在吸收抗战中新的积极分子与扩大党的无产阶级基础之上；特别注意在战区在前线上大量地吸收新党员，建立强大的党的组织；在后方无党的组织的地区，当地党应有计划地与迅速地去重新建立与发展党的组织；把发展党员成为每一个党员及各级党部的经常的重要工作之一，进行经常的检查与推动；等等。[1]按照中共中央的指示精神，随后各地广泛开展了党员发展工作。

——讨论了中共七大具体准备工作问题。会议决定中共中央本身应立刻进行下列具体准备工作：（一）发布为召集七大事告全党同志书；（二）发表为召集中共第七次全国代表大会告全国

---

[1] 中央档案馆：《中共中央文件选集》第11册，中共中央党校出版社1991年版，第466—467页。

同胞书；（三）给地方党部怎样在政治上和组织上进行七大准备工作的指示；（四）成立大会四个议事日程报告的准备委员会；（五）责成政治局及中央同志起草大会第一、第二两个议程的政治提纲，以及写关于第三、第四两个议程的论文和其他专门问题的论文，不仅作为地方党部和全党同志讨论和研究大会问题的材料，而且作为一切对中共七次大会愿意发表意见和提出建议的人士们的参考。[1]

——决定同意周恩来出任国民政府军事委员会政治部副部长。1938年初，国民政府改组军事委员会，下设军令、军政、军训、政治四个部。蒋介石任命陈诚为政治部部长，并要周恩来担任政治部副部长。"为此，陈诚亲自登门相请。同时，行政院院长孔祥熙也表示要周恩来到行政院任职，并由行政院副院长张群出面相邀。对这两项邀请，周恩来和中共代表团最初都婉言推辞了。"[2] 1月中旬，蒋介石坚持要周就任政治部副部长。1月21日，中共代表团电告中共中央说："蒋、陈提及政治部副部长仍要周做"，周再三推辞，说做副部长可能引起两党磨擦，恐不妥。蒋仍要周做，并表示，不要怕磨擦，可以避免磨擦；政治工作方针是加强部队，发动民众；副部长职权可明确规定，能负其责；编制人事还未定，都可商量；康泽可以共事，不致捣乱。中共代表团认为，孔祥熙为主和者，行政院方面应谢绝；政治部属军事范围，为推动政治工作、改造部队、坚持抗战、扩大我党影响，可

---

[1]《王明言论选辑》，人民出版社1982年版，第592—593页。
[2] 中共中央文献研究室：《周恩来传（1898—1949）》，人民出版社、中央文献出版社1989年版，第395页。

以去担任职务。"如果屡推不干，会使蒋、陈认为共产党无意相助，使反对合作者的意见得到加强。"[1]2月6日，国民政府军事委员会政治部正式成立，陈诚任部长，因蒋介石再三邀请，周恩来乃出任副部长。这次政治局会议同意了中共代表团的意见，决定周恩来可担任这一职务。

此外，会议还讨论了王明是否再去武汉问题，并决定由任弼时去共产国际汇报工作。在3月1日的会议上，毛泽东提出，"在今天的形势下，王明不能再到武汉去"，而王明则表示希望继续在武汉工作。会议最后对毛泽东的建议进行表决，以五票反对，三票赞成，作出决定，调政治局候补委员凯丰（即何克全）去长江局工作，王明在汉一月后返延。[2]实际上，王明去武汉后并没有理会这个决定，迟迟没有返回延安。会议同时决定，派任弼时赴莫斯科，向共产国际交涉"军事、政治、经济、技术人才"等问题[3]。会议还决定，由王明代为起草会议的总结，并代表中共中央起草致预定在3月下旬召开的国民党临时全国代表大会的建议书；由周恩来起草对国民党的军事建议书。

用王明的话说，这次政治局会议"在报告和讨论中，充分地表现出出席政治局会议的同志对目前时局和党的工作问题的意见完全一致"[4]。说会议出席者的意见"完全一致"多少有些夸张，

---

[1] 中共中央文献研究室：《周恩来传（1898—1949）》，人民出版社、中央文献出版社1989年版，第395页。

[2] 廖心文：《抗日战争初期长江中央局的组织变动情况——兼谈王明是怎样当上书记的》，载中共中央文献研究室编：《文献和研究》（1987年汇编本），档案出版社1991年版，第285页。

[3] 中共中央文献研究室：《任弼时年谱》，中央文献出版社2004年版，第369页。

[4]《王明言论选辑》，人民出版社1982年版，第566页。

不过从现有公开的文献中可以看出，这次会议上毛泽东、张闻天、任弼时的发言与王明的观点虽有明显不同，但双方观点并没有正面交锋，依然采取的是各自表述的方式。

不论是王明在三月政治局会议上的报告，还是他此次在十二月会议上的发言，都不难给人们产生这样一种印象：他总是站在全国的角度思考中国的抗战问题。从全国抗战而言，王明提出的军事战略方针是有道理的。是否可以这样说，王明与毛泽东在这一问题上的区别在于，王明总认为全国应当如何，而毛泽东考虑问题的侧重点，则主要是中共和八路军、新四军应如何。毛泽东后来批评王明说，王考虑别人太多，考虑自己太少。笔者认为，王明在抗战初期的右倾，主要就表现在这里。

在十二月会议和三月政治局会议上，毛泽东并没有对王明的那一套主张开展针锋相对的斗争，仅是采取陈述自己意见的方式进行抵制。一方面，王明的观点有共产国际的背景，在当时的历史条件下，毛泽东似乎不会对共产国际的正确性进行质疑；同时，抗日民族统一战线的特殊性、复杂性，一系列的重大问题还需要进一步地观察才能得到是与非的结论。另一方面，毛泽东在强调统一战线的独立自主的同时，也认为"抗日高于一切"。早在王明回国前的10月，他在《目前抗战形势与党的任务报告提纲》中，就如何扩大与巩固以国共两党合作为基础的抗日民族统一战线，提出了若干具体的设想：

（一）首先必须向党内外人士说明，统一战线的基本条件是抗日，"抗日高于一切"，民主民生均在其次。

（二）统一战线的内容是：1.各党各派的抗日合作；2.统

一的国防政府；3.统一的国防军；4.统一的民众团体。不是一党一派的政府、军队与民众团体的包办。

（三）统一战线内各党各派合作的目的是："互相帮助，互相发展"，不是谁领导谁。如我们对国民党及国民党各派的态度，是帮助他们的发展、巩固与团结，不是削弱它分化它（对国民党各派如CC、黄埔、复兴社、法西斯问题）。

（四）我们对同盟者工作方法：1.切实的具体的帮助，多采取建议的方法；2.依照他们觉悟的程度与迫切的需要，提出适当的要求与口号，不要太高太左；3.善意的批评，也应该赞扬他们的好处；4.利用群众的力量的推动，即自下而上的推动，但不是对立。

（五）向国民党人说明，共产党不但要在抗日问题上与国民党合作，而且要在实现三民主义建立新中国上同国民党合作。因此这是一个长期的几十年的合作，而不是一时期的合作或玩弄手腕。要为统一战线斗争到底。

（六）统一战线内部的矛盾与磨擦不可避免，只能减弱不能消灭，应在发展抗日运动与抗日高于一切的原则下解决与和缓内部矛盾与磨擦。[1]

1938年5月，任弼时出席共产国际主席团执委会主席团会议，就4月所作的《中国抗日战争的形势与中国共产党的工作和任务》的书面报告作口头说明和补充时，曾说了这样一番话："去年十二月中共中央政治局会议，根据王明同志等带回季米特

---

[1]《毛泽东文集》第二卷，人民出版社1993年版，第52—53页。

洛夫同志对巩固与扩大民族统一战线的指示，详细检查了统一战线工作，认为我党号召的民族统一战线获得了最大的成功，由于国共的合作，发动了抗日战争。同时指出，目前巩固与扩大民族统一战线，又成为争取抗战胜利的中心与先决条件。""十二月政治局会议，认为此次以国共合作为基础的抗日民族统一战线，是长时期的。""认为这一与国民党合作的统一战线，不仅是我党策略上的改变，而是带着战略上改变的性质。因此与国民党合作的时期是很长的。""其次，指出与各党派合作的抗日民族统一战线的基本条件就是抗日。一切抗日的力量，都可以而且应该合作，提出'抗日高于一切''一切服从抗日'的口号。民主与改善民生的要求，应服从于抗日的基本利益，提出的要求不应过高与过左。""再次，指出在民族统一战线中，各党派在共同纲领之下，共同奋斗，不是谁去削弱谁的力量，而是互相帮助，互相发展，共同领导，共同负责。统一战线内部的矛盾，虽然不能消灭，但是要尽量减少和避免。"[1]

可见，十二月会议以后一段时间，毛泽东与王明在处理国共关系问题上，既有相同点，也有不同点。共同点是"抗日高于一切"，国共合作也好，抗日民族统一战线也好，都是为了抗日，一切都要从有利于抗日出发；不同点是毛泽东对蒋介石的反共本质始终保持高度警惕，在统一战线中必须坚持独立自主原则，对蒋介石必须采取既团结又斗争的方针；王明则想当然地认为随着抗战国民党和蒋介石已经进步，对蒋介石只能团结迁就不能斗争，斗争会破坏团结不利抗战，而不懂得斗争是维护统一战线不

---

[1]《任弼时选集》，人民出版社1987年版，第177—178页。

可缺乏的手段。

三、对国民党临全大会等问题的不同看法

三月政治局会议后，王明、周恩来从延安回到武汉。本来，三月政治局会议决定王明到武汉工作一个月后即回延安，但王明实际上到这年8月因参加中共六届六中全会才回来。在这段时间，王明及长江局在处理国共关系、估计抗战形势等问题上，曾与毛泽东、张闻天及中共中央产生了不同看法。

1938年2月3日，国民党中央第66次常委会决定召开临时全国代表大会，讨论和制定国民党领导抗日的路线、方针及政策。中共中央和王明领导的中共中央长江局对这次大会都很重视。3月21日，王明起草了一份《中共中央对国民党临时全国代表大会的建议》，报送中共中央一份，且未等中共中央答复，就于24日将这个建议书交给国民党。

这个建议主要就巩固和扩大各党派的团结、健全民意机关、动员和组织民众等问题提出了一些意见。提出应建立一个各党派共同参加的某种形式的民族革命联盟，拟定一统一战线纲领，由各方代表组成一个由上而下的统一战线组织，而参加联盟的各党派保持政治上与组织上的独立性；建立健全包括各抗日党派、各军队、各有威信的群众团体的代表参加的民意机关；根据地域原则，在各地方组织统一的各界群众团体的领导机关，在全国范围内成立统一的全国性的领导机关。青年、妇女、文化界等应根据其切身利益和特殊需要，而组成各种统一的群众团体，且所有群众团体及其领导机关，均应向政府登记，并接受政府及党部的领

导。中国共产党愿赞助国民党在抗日救国的大前提下，造成统一的群众运动和统一的群众组织。[1]

3月25日，中共中央收到王明起草的该建议书后，认为这个建议书"有严重缺点"[2]，于是另起炉灶，起草了《中共中央致国民党临时全国代表大会电》，提出如下八条意见：（一）用一切宣传鼓动方法，号召全国人民以中华民族必胜的信心，克服一切困难，忍受一切牺牲，誓与日寇抗战到底。（二）继续动员全国武力、人力、财力、物力，为保卫西北、保卫武汉而战。（三）继续扩大与巩固抗日民族统一战线。（四）继续扩大与巩固国民革命军。（五）继续改善政治机构。（六）继续全国人民的动员。（七）为使政府与民众进一步结合起来，为更能顺利地动员民众参加抗战，必须采取具体的办法，实施改善民生的法令。（八）组织抗战的经济基础，建立国防工业，发展国防工业，改进农业。[3]

长江局收到中共中央这个电文的时候，国民党临全大会还未召开（大会3月29日开幕，4月1日闭幕），本来有时间将这个建议书送到国民党，同时将第一个建议书收回的。但是，"长江局既不送，又不及时报告中央"[4]。等国民党临全大会即将结束，才于4月1日电告中共中央说："我们根据政治局决议原则所起草的致国民党临时全国代表大会政治建议书于24日送去，国民

---

[1] 中共中央书记处：《六大以来——党内秘密文件》上，人民出版社1981年版，第921—922页。
[2] 珏石：《周恩来与抗战初期的长江局》，《中共党史研究》1988年第2期。
[3] 中共湖北省委党史资料征集编研委员会等：《抗战初期中共中央长江局》，湖北人民出版社1991年版，第194—196页。
[4] 珏石：《周恩来与抗战初期的长江局》，《中共党史研究》1988年第2期。

党临时（全国）代表大会昨夜已开幕，你们所写的东西既不能也来不及送国民党，望你们在任何地方不要发表你们所写的第二个建议书，否则对党内党外都会发生重大的不良政治影响。"[1]且不论这两个建议书的内容谁是谁非，但以王明为书记的长江局此举，确有不尊重中央、闹独立性之嫌。

国民党临全大会结束后，中共中央书记处于4月18日致电各中央局及各省委、特委，提出中共对于国民党临全大会的宣言及纲领应采取主动立场，"取积极赞助与拥护的态度，指出其基本精神同我党的主张是一致的"，"用一切方法推动其具体实施，并自己提出实施的具体办法，表示出我们是实施纲领的最积极的力量"；"发挥其中一切进步的东西，并根据之以回答及反驳一切对于我们之攻击"；"关于其中反对阶级斗争与反对国际主义的理论以及其他缺点，应给以侧面的、适宜的解释"；"赞助国民党的进步与扩大及三民主义青年团的成立"[2]。

4月23日，王明、周恩来、秦邦宪、凯丰致电中共中央书记处，对中共中央的指示提出两点意见：（一）认为此纲领、宣言的基本精神同我党主张是一致的说法稍嫌笼统；（二）三民主义青年团还未成立，其领导者都利用它来作为孤立和反对共产党的工具，如照现状成立且有变成新的特务机关的趋势，因此现在我们即表示赞助青年团的成立，似嫌太早，且政治上不利。[3]

---

[1] 珏石：《周恩来与抗战初期的长江局》，《中共党史研究》1988年第2期。
[2] 中央档案馆：《中共中央文件选集》第11册，中共中央党校出版社1991年版，第491页。
[3] 中共湖北省委党史资料征集编研委员会等：《抗战初期中共中央长江局》，湖北人民出版社1991年版，第900页。

4月27日，中共中央书记处就国民党临时全国大会后的策略问题致电王明、周恩来等，表示"我们中间实并无不同意见"，但"为免除误会起见"，该电特地作了几点说明：（一）今天全国政治总的方面是坚持抗战的最后胜利，国民党纲领的基本精神正是朝着这个方向的。在这个方向上说来，我党十大纲领同国民党纲领应说基本上是一致的。（二）共产党站在主动的积极拥护纲领并促其具体实施的立场上，不但能够取得全国最大多数人民的同情与拥护，依靠他们的力量同一切顽固分子做斗争，而且也能够取得国民党内一切进步分子的赞许，使他们更能勇敢地团结他们的力量同顽固派斗争。（三）今天的中心策略，不是要国民党定出一个更完善的纲领，而是站在主动积极的地位，帮助国民党实施这个纲领，在实施中发展与提高它。（四）对国民党一切口头上要做的好东西，如扩大国民党、成立三民主义青年团，都应该采取积极赞助的态度，使全国最大多数人民与国民党中一切进步分子，看到同国民党合作的诚意，以争取他们对我们的同情与拥护，并且这样也可认真地推动国民党进步。[1]长江局收到这个电文后没有再作辩解，等于接受了中共中央的上述主张。

1938年2月10日，周恩来在会见蒋介石时，陈立夫曾提出能否在国共两党之外，另组一个双方共同参加的三民主义青年团（简称三青团），作为合作的一种办法。"由于对国民党的实际意

---

[1]《中共中央书记处关于国民党临全大会后的策略问题致陈绍禹、周恩来等电》（1938年4月27日），中共湖北省委党史资料征集编研委员会等：《抗战初期中共中央长江局》，湖北人民出版社1991年版，第223—224页。

图还不了解，周恩来没有立即表示态度。"[1]这年3月底4月初的国民党临全大会正式宣布成立三民主义青年团。

中共中央对建立三青团态度是积极的。4月5日，毛泽东在陕北公学就国共两党合作问题发表讲演时提出，国共两党要想真诚合作，确实应当设法统一起来，"两个不同的政党要统一起来就要有一个桥梁，组织一个共同的委员会，或者另外组织一个党，国共两党都参加进去"。[2] 4月14日，任弼时在给共产国际的书面汇报大纲中提出："我们准备赞成成立三民主义青年团的主张。"[3]

4月27日，中共中央书记处就国民党临全大会后的策略问题致电王明、周恩来等，明确提出对于成立三民主义青年团，"都应该采取积极赞助的态度"。电文同时指出："如果国民党不管我们的赞助，而仍然不能把自己所说的话实现起来，或把原来企图进步的东西变坏，如青年团的变为特务机关，那人家决不会责备共产党的赞助不好，而只会骂国民党的顽固派混蛋。今天国民党当局还不能把改造国民党建立青年团的事做好，然而将来进步的可能是存在着的。"[4]

长江局对三青团的态度稍有不同。5月6日，王明、周恩来、

---

[1] 中共中央文献研究室：《周恩来传（1898—1949）》，人民出版社、中央文献出版社1989年版，第398页。
[2] 中共中央文献研究室：《毛泽东年谱（1893—1949）》（修订本）中卷，中央文献出版社2013年版，第64页。
[3] 任弼时：《中国抗日战争的形势与中国共产党的工作和任务》（1938年4月14日），《文献和研究》1985年第3期。
[4] 中共湖北省委党史资料征集编研委员会等：《抗战初期中共中央长江局》，湖北人民出版社1991年版，第224页。

秦邦宪、何克全就三青团问题致电中共中央书记处说，鉴于三青团名义类似国民党候补党员的组织，且有人欲以青年团代替国民党，甚至欲以青年团溶化代表各党派，并以此孤立中共，他们认为对此问题"不能长期缄默，更不宜无条件赞助"，而首先应该明确三青团为"统一青运的青年组织"，"不分党派，容纳各党派参加领导，共同负责指导青运"，"依三民主义总方针决定青运统一纲领"。三青团应是"青年个人或团体以自愿原则加入"，"各级青委上设指导训练委员会，容纳各党派负责人共同领导"。应保持三青团"独立的青年组织的性质，但加入青年团之青年有信仰及加入政党之自由"，"各党派不在青年团内发展其组织"[1]。

5月12日，毛泽东、张闻天等复电王明、周恩来等，认为应该承认三青团是国民党的青年团，为国民党候补党员性质的组织，中共的目的是使三青团实质上成为各阶级各党派广大革命青年的民族联合，经过三青团去改造国民党，"一方面以青年团的力量推动国民党进步，另一方面经过它使大批革命青年加入国民党，发展与巩固国民党内部的革命力量"。为此，毛泽东、张闻天等人提出如下具体提议：

（一）宗旨：在三民主义、总理遗嘱、抗战建国纲领与蒋总裁领导之下，以教育与组织全国广大青年参加抗战建国的事业。

---

[1] 中共湖北省委党史资料征集编研委员会等：《抗战初期中共中央长江局》，湖北人民出版社1991年版，第230—231页。

（二）会员：凡接受本团宗旨的青年，不分性别、阶级、职业、民族、信仰皆得为本团团员，团体会员亦可加入，但各团体除执行青年团的各种决议决定外，仍应保持其本身的组织。

（三）组织：本团的组织原则为民主集中制，有自己独立的组织系统，从青年团中央、省委、县委直到支部。

（四）同国民党的关系：本团除接受蒋总裁的领导外，各级国民党（党）部可经过其在青年团内工作的党员实现其政治领导，不妨碍本团组织上的独立性。

毛泽东和张闻天等人认为，"只有这样的提议才可为国民党所接受，对国民党有利，对我们亦有利"[1]。

接到毛泽东、张闻天诸人的电报后，王明、周恩来等于5月23日就三青团问题回电说："肯定（三青团）只是国民党的团体，乃蓝衣社、复兴社所想，即不能成为改造国民党之各阶级联盟，也不能成为统一青年运动的团体"，因此，他们主张向国民党建议，"说明青年团为统一青年运动或是统一战线的组织，以别于其为候补党员组织，为国民党的附属团体"[2]。

延安方面对长江局的这个说法并不完全认可。6月2日，中共中央书记处就此复电王明、周恩来等，认为中共不应以使三青团成为统一战线组织为唯一目的，"还有经过它改造国民党的

---

[1] 中共湖北省委党史资料征集编研委员会等：《抗战初期中共中央长江局》，湖北人民出版社1991年版，第232页。

[2] 中共湖北省委党史资料征集编研委员会等：《抗战初期中共中央长江局》，湖北人民出版社1991年版，第241—242页。

目的"。可以向蒋介石提出三青团应是"各党派的各阶级的统一战线的民主集中制的青年群众的独立的团体"作为最高要求,以试探蒋介石的真正意图,如果蒋不能做到此最高要求时,"即应有具体办法,即利用一切机会与各种可能,动员进步青年公开加入,动员一部分有能力的同志秘密加入,并设法取得某些地位"[1]。

6月9日,周恩来见蒋介石时,根据中共中央的意见,提出应使三民主义青年团成为统一战线的组织,以此来统一全国的青年运动。蒋介石表示,三青团可由国共两党训练,但各党各派不能在团内活动。6月16日,蒋介石发表告全国青年书,公布三青年之团章,规定凡加入三青团者不得参加任何党派活动。根据这个情况,长江局决定对三青团采取静观的政策。

从上述延安与长江局就三青团问题你来我往的电报中,可以看出,延安方面的用意,主要是利用三青团改造国民党;而王明及长江局之用意,则防止三青团成为国民党之工具。后来由于蒋介石反对中共党员跨党具有双重党籍,国共两党合并及中共党员加入三青团一事便告中止。

1938年6月3日,国民党监察委员会在重庆召开第十四次常委会,决定恢复陈其瑗等26人的国民党党籍,其中包括周恩来、林伯渠、吴玉章、毛泽东、董必武、邓颖超、叶剑英等7人。长江局得知这件事后,未经请示中共中央,就以毛泽东等人的名义,起草了一份紧急声明由国民党中央社交给各报馆,表示对此

---

[1] 中共湖北省委党史资料征集编研委员会等:《抗战初期中共中央长江局》,湖北人民出版社1991年版,第247页。

将不予承认。这份紧急声明的内容是:"顷闻中央社重庆电,中国国民党监察委员会三日上午八时开十四次常委会,通过恢复陈其瑗等二十六人党籍一案,内列有周恩来、林祖涵、吴玉章、毛泽东、董用威(必武)、邓颖超、叶剑英等七人姓名。按鄙人等系中国共产党党员,国共两党虽在政治上已告合作,但组织上两党关系是否恢复民国十三年之办法并未商定,而对恢复鄙人等国民党党籍事先更未通知与征求本党中央及鄙人等意见。因特郑重声明,中国国民党中央监委会此项决议关系鄙人等七人部分,鄙人等实不能承认。"长江局认为,"此事既出于中监委元老好意及糊涂,他们既肯取消,我们除在重庆登报外,其他可不外提"。[1]

中共中央对于这个问题却有不同的看法。6月6日,中共中央书记处就此致电王明、周恩来等,指出:

(甲)国民党中央此次恢复毛周党籍,我们认为是国民党公开容共的表示,是国民党在徐州失守后前进一步的表示,不论国民党此举还含有何种阴谋,我们应慎重警惕,但对于国民党这种基本进步的行动,我们应表示欢迎,应积极利用之,以求得国共合作之进步,而不采取消极拒绝的态度。

(乙)我们认为在保持共产党独立的条件下,应公开表示接受国民党恢复毛周等国民党党籍的决定,指出这是国共合作的进步,是国民党十三年孙中山容共遗教的恢复与执行,是挽救目前危急时局的重要步骤,而且通知他们正准备其他名单请求他们批准恢复,我们认为这样做,对我们与全国均有利益。

---

[1] 中共湖北省委党史资料征集编研委员会等:《抗战初期中共中央长江局》,湖北人民出版社1991年版,第250页。

(丙)为挽救我们声明上的缺点,我们主张恩来应同蒋及国民党其他要人先行交换意见。只要他们不公开提出共党不能跨党时,我们即应利用监察委员会无条件恢复党籍的决定,采取适当方法用中央名义给国民党一信,表示我们上述的态度。[1]

由于长江局实际上拒绝了国民党方面恢复毛泽东等人党籍的决定,此事后来也就不了了之了。

南京失守后,国民政府和许多机关迁到武汉,中共中央长江局和中共代表团也设在这里,武汉一时成为中国抗战的军事政治中心。这年5月19日,日军占领战略要地徐州,打通了津浦线,切断了陇海路,随即占领河南省会开封。日军原计划在占领郑州后沿平汉铁路南下夺取武汉,由于蒋介石下令炸开郑州以北花园口的黄河河堤,豫东、皖北、苏北的大片地区随之变成泽国,使日军沿平汉铁路南下的企图暂时无法实现。尽管如此,日军并没有放弃进攻武汉的计划,转而集中9个师团又3个旅团及部分海空军共30万人,沿大别山北麓和长江两岸西进,从南北两个方向夹攻武汉。因此,如何保卫武汉就成为全国军民共同关注的问题。

6月15日,王明与周恩来、博古联合在《新华日报》发表《我们对于保卫武汉与第三期抗战问题的意见》。文章认为,"我们今天实具有保卫武汉的一切可能条件",主张按照西班牙人民保卫马德里的经验来保卫武汉。文章强调:"武汉是我国最后一个最大的政治经济中心,武汉的得失,不仅对于整个第三期抗战

---

[1]《中央关于国民党中央恢复毛泽东、周恩来等党籍问题致陈绍禹、周恩来、博古、凯丰电》,1938年6月6日。

有极大的影响，而且对于整个内政外交方面均有相当的影响；同时，整个第三期抗战的成败，对于武汉保卫也有极重要的关系。"因此，除在军事方面做好保卫武汉的准备之外，在政治上应立即成立保卫武汉总动员委员会，在政府及武汉卫戍区司令长官领导之下，协助政府和军队进行一切有关保卫武汉的事宜，总动员委员会成立后，应广泛地进行各界居民中的政治宣传工作，指明保卫武汉的必要，使其一心一意地为保卫武汉而共同奋斗。文章认为，在军事方面，"保卫武汉的最好方法，是能够将敌军击败和消灭在一切进入武汉的门户之外"，因此"要巩固和提高前线的战斗力"，"要用一切办法，更加亲密前线一切部队的团结"，"以运动战为主，配合以阵地战，辅之以游击战"，"造成军民一体，形成军民互助"，"要认真地进行建立有新式武装和能担负对敌决战的几十师坚强部队的工作"等；政治方面，要"迅速建立军队中的抗战政治工作"，"积极进行民众动员与民众组织"，"建立统一的青年运动与青年组织"，"建立行政机构与变革保甲制度"，"召开国民参政会和设立各级战时民意机关"，等等。

6月17日，王明、周恩来、秦邦宪又就保卫武汉的战略方针问题致电中共中央书记处和八路军前方总指挥部：徐州放弃后战争进入新阶段，我们的战略中心是保卫大武汉。总的战略方针应是：将正规军主力组成许多野战兵团，依托太行山、嵩山、伏牛山、桐柏山、大别山、黄山、天目山一带有利地形，开展大规模山地战，以阻敌人西侵，同时加强长江防备；抽一部分正规军组成挺进队深入敌后，发展敌后游击战争，创造战场，把敌人后方变前方。这样造成战略上的夹攻形势，大量消耗敌人，争取时间，建立新的军队，以便实施战略反攻。[1]

7月6日，张闻天、毛泽东等致电王明、周恩来、博古、凯丰、叶剑英，发出关于保卫武汉的方针问题的指示，指出："保卫武汉重在发动民众，军事则重在袭击敌人之侧后，迟滞敌进，争取时间，务须避免不利的决战，至事实上不可守时，不惜断然放弃之。因目前许多军队的战斗力远不如前，若再损失过大，将增加各将领对蒋之不满，投降派与割据派起而乘之，有影响蒋的地位及继续抗战之虞。在抗战过程中巩固蒋之地位，坚持抗战，坚决打击投降派，应是我们的总方针。而军队力量之保存，是执行此方针之基础。请加注意为盼。"[2]

由此可见，中共中央认为，不能过于夸大保卫武汉的意义，武汉的得与失并非长期抗战和中国存亡的关键，不必要号召人民像保卫马德里那样来保卫大武汉。中共中央还认为，王明等人提出的组织各种兵团进行阻击，以求将敌军击败与消灭在进入武汉的门户之外的战略方针，不符合在敌强我弱的形势下实行大踏步进退的战略思想，如果不顾实际情况地硬要死守武汉，不利于保存有生力量和坚持长期抗战。在中共中央看来，"保卫武汉主要是一个宣传口号"，应当"借保卫武汉这个时机来大力发展党的工作，动员党的干部，组织青年学生到农村去，发动与武装民众，开展游击战争，变敌后为前线。因此，保卫武汉宣传的重心应放在广泛地发动群众方面"。[3]

---

[1] 中共湖北省委党史资料征集编研委员会等：《抗战初期中共中央长江局》，湖北人民出版社1991年版，第907页。

[2] 周国全、郭德宏：《王明传》，安徽人民出版社1998年版，第117页。

[3] 珏石：《周恩来与抗战初期的长江局》，《中共党史研究》1988年第2期。

王明在长江工作期间闹独立性，还表现为"公然提议停止中共中央机关刊物《解放》在延安的刊行，主张改在武汉印刷制版；不和任何人打招呼，就以个人名义为1938年2月底的政治局会议做总结，甚至公开发表；以陈（即王明）、周、博（后加凯）的名义直接向各地及八路军前总发布指示性意见"等，"特别让中央书记处的领导人难以容忍的是，在张国焘叛逃，朱德、彭德怀及项英又经常去武汉，王稼祥、任弼时在莫斯科，武汉的政治局委员数经常超过延安的情况下，王明居然提出中央书记处不具合法性的问题，指责张、毛等不应以中央书记处的名义发布指示和文件。"[1]对于这些问题，后来王明辩解说，是自己"在国外单独发表文件做惯了"。

现在看来，王明在十二月会议到武汉工作之后，在处理国共关系、估计抗战形势及如何坚持长期抗战等问题上，与毛泽东确实存在明显分歧，并且在若干问题上未作请示就擅自以中共中央的名义发表主张。1941年10月3日中央书记处工作会议上将王明在武汉时期的错误归纳为四点："（一）对形势估计问题——主要表现乐观；（二）国共关系——王明在统战下的独立性与斗争性；（三）军事战略问题——王明助长了反对洛川会议的独立自主的山地游击战的方针；（四）组织问题——长江局与中央关系是极不正常的"等。[2]1941年10月13日，毛泽东在中共中央书记处会议上说，王明在武汉时期的工作，路线是对的，但个别问

---

[1] 杨奎松：《毛泽东与莫斯科的恩恩怨怨》，江西人民出版社1999年版，第76页。
[2] 中央档案馆党史资料研究室：《延安整风中的王明》，《党史通讯》1984年第7期。

题上的错误是有的，我们就是这些意见。[1]在1943年11月的中共中央政治局会议上，毛泽东又说："前年九月会议，提到抗战时期党的路线问题，王明坚决不承认路线错误。我说不说路线错误也可以，但有四个原则错误，即（一）速胜论，（二）运动战，（三）对国民党只要团结不要斗争，（四）组织上闹独立性。"[2]可以说，毛泽东用极其简要的语言，把全民族抗战爆发后王明在统一战线等问题上的错误，作了击中要害的概括。

四、毛泽东继续强调持久战和游击战

毛泽东是十分执着之人，他认定正确的东西就会锲而不舍地坚持。十二月会议之后，他把更多的精力和注意力放到如何扩大游击战争和建立巩固敌后抗日根据地上。

土地革命战争的经验教训表明，中国革命只能走农村包围城市的道路，因此，建立和巩固农村革命根据地，就成为革命成败的关键。特别是经历第五次反"围剿"和长征之后，更是感受到根据地的重要。全民族抗战爆发后，国内战争转变为反侵略战争，作战方针由运动战为主转变为游击战为主，然而敌强我弱的态势没有改变，日军虽然占领大中城市和交通要道，但广大乡村仍然为共产党力量的发展提供了广大的空间。

太原失守后，在华北地区，以国民党军队为主体的正规战争

---

[1] 中共中央文献研究室：《毛泽东年谱》（修订本）中卷，中央文献出版社2013年版，第332页。

[2] 中共中央文献研究室：《毛泽东年谱（1893—1949）》（修订本）中卷，中央文献出版社2013年版，第481页。

已经退居次要地位，以共产党军队为主体的游击战争开始处于主要地位。当时，山西的国民党军队全线溃退，国民党的旧政府随之瓦解或自行消失，日军还只占领大城市和重要的交通线，这就为中国共产党建立敌后抗日根据地提供了契机。与此同时，随着战争的扩大，日军势必企图在华北地区建成其巩固的后方，共产党力量的存在无疑是其一个重大障碍，因而有可能在占领部分大中城市之后，必定要加大力量强化对其占领区的统治，如果不抓紧建立巩固的敌后抗日根据地，敌后游击战争就没有战略基础，八路军也就没有自己的后方，敌后游击战就无法持久。

忻口战役结束、太原失守前后，随着以共产党军队为主体的游击战争战略地位的上升，毛泽东和中共中央即着手考虑敌后抗日根据地的布局问题。10月20日，毛泽东对八路军的作战部署提出意见，要求第一一五师留一部在恒山、五台山地区坚持游击战争，第一一五师主力准备转移到汾河以西的吕梁山脉；第一二〇师在晋西北地区、第一二九师在正太路以南之现有地区坚持游击战争；八路军总部西移至孝义、灵石一带。11月8日，即在太原失守的当天，毛泽东致电周恩来、朱德、彭德怀、任弼时等，明确要求把吕梁山脉作为"八路军的主要根据地"，第一一五师主力及"总部宜立即开始西移"，"一二九师全部在晋东南，一二〇师在晋西北，准备坚持长期的游击战争，非至有被截断归路之危险时，其主力不应退出山西"[1]。

按照毛泽东制定的战略方针，八路军在积极配合友军作战的

---

[1]《毛泽东军事文集》第二卷，军事科学出版社、中央文献出版社1993年版，第112页。

同时，相机执行自己的战略展开任务，并相继开赴指定地区创立抗日根据地。第一一五师一部在副师长聂荣臻率领下，以五台山为中心建立了华北敌后的第一个抗日根据地——晋察冀边区。1938年1月10日，在冀西的阜平县召开晋察冀边区军政民代表大会，选举产生了晋察冀边区行政委员会，这是中国共产党在敌后建立的第一个统一战线性质的抗日民主政权。接着，第一二〇师在贺龙、关向应率领下创建了晋西北抗日根据地；第一二九师在刘伯承、邓小平率领下开辟了晋冀豫抗日根据地；第一一五师主力建立了晋西南抗日根据地。

　　土地革命战争时期中国共产党建立的各个根据地，基本上都是建立在山区，正是基于这个经验，毛泽东在洛川会议上提出的八路军的作战方针是独立自主的山地游击战，八路军此时建立的晋察冀、晋西北、晋冀豫、晋东南抗日根据地也分别是以五台山、管涔山、太行山、吕梁山为依托。与此同时，毛泽东也在考虑建立平原地区的先后根据地问题。1937年12月中旬，毛泽东得知平汉铁路以东的冀中平原日军兵力空虚，于是致电朱德和任弼时，要求第一二九师以步兵一个营附骑兵一连，晋察冀军区以步兵两连、骑兵一连各组成一个支队，到平汉铁路以东的地区进行游击，任务是：（一）侦察情况；（二）扩大抗日统一战线，发动民众与组织游击队；（三）破坏伪组织；（四）收集遗散武器，扩大本身。由于以往没有开展平原游击战的经验，毛泽东特地提出"该两支队出去须十分谨慎、周密、灵活，根据情况灵活地决定自己行动"[1]。在此之前的这年 10 月，共产党员吕正操率国民党东北军第五十三军第六九一团在河北晋县誓师抗日，部队改编为人民自卫军，与党领导的河北游击军已经在冀中平原开展游击战争，到 1938 年 4 月，冀中抗日根据地已经建立了 38 个县的抗日政权。

1938 年春，日军为了打通津浦铁路发动徐州战役，华北地区的日军主力被抽调南下，"造成河北、山东平原地区兵力空虚，为已经在山区站稳了脚跟的八路军向华北敌后更广阔的区域发展带来机会"[2]。毛泽东进一步认识到不但可以开展山地游击战，而且也可以发展到平原游击战。1938 年 4 月 21 日，毛泽东致电朱德、彭德怀等人，强调根据抗战以来的经验，在目前全国坚持抗战与正在深入的群众工作两个条件之下，在河北、山东平原地区广大地发展抗日游击战争是可能的，而且坚持平原地区的游击战争也是可能的。"党与八路军部队在河北、山东平原地区，应坚决采取尽量广大发展游击战争的方针，尽量发动最广大的群众走上公开的武装抗日斗争"。因此，"应即在河北、山东平原划分若干游击军区，并在各区成立游击司令部，有计划地系统地去普遍发展游击战争，并广泛组织不脱离生产的自卫军。""在收复的地区应立即建立政府，设法恢复当地的抗日秩序。"[3]随后，八路军

---

[1]《毛泽东军事文集》第二卷，军事科学出版社、中央文献出版社 1993 年版，第 128—129 页。

[2] 中共中央文献研究室：《毛泽东传（1893—1949）》，中央文献出版社 1993 年版，第 485 页。

[3]《毛泽东军事文集》第二卷，军事科学出版社、中央文献出版社 1993 年版，第 217 页。

第一二九师主力和第一一五师第三四四旅一部从太行山区进入冀南、豫北平原，与地方党组织领导的游击队共同创建和巩固冀鲁豫根据地。

新四军组建后，其活动区域大部在长江南北的平原、丘陵和河湖港汊地区，毛泽东认为华北平原游击战的经验同样可以运用到江南。1938年8月，毛泽东致电项英："在敌后进行游击战争虽有困难，但比在敌前同友军一道并受其指挥反会要好些，方便些，放手些。敌情方面虽较严重，但只要有广大群众，活动地区充分，注意指挥的机动灵活，也能够克服这种困难。这是河北及山东方面的游击战争已经证明了的。"因此，"在广德苏州镇江南京芜湖五区之间广大地区创造根据地，发动民众的抗日斗争，组织民众武装，发展新的游击队，是完全有希望的"。[1]

虽然毛泽东一再强调游击战争的重要性，但王明却一向对游击战不看好，甚至公开贬低游击战的意义。1938年1月，王明在《战时青年》杂志第2期发表《抗日民族统一战线之理论与实践——在武汉大学讲演词》，公然说"我们相信没有统一的正规国防军绝不能战胜日本帝国主义，现在大家都喊游击战，好像有了游击战甚么都不成问题似的，其实单有游击战，没有与正规军队配合，是不能有决定作用的，将来与日本帝国主义最后决战必须是强有力的正规军"，"应该把军队以及一切地方如北方人民武力集中起来，作庞大的运动战"。(《王明年谱》)这年的三月政治局会议，王明又声称要注意克服两个偏向："一个是认为只有

---

[1]《毛泽东文集》第二卷，军事科学出版社、中央文献出版社1993年版，第220页。

打游击战争，另一偏见便是不要游击战争，这都是不好的。"[1]

中共中央长江局成立后，中共河南省委归其领导，中共河南省委根据中央精神作出了以游击战争为中心任务开展各方面工作的部署并报告长江局后，王明不同意，派专人去省委说报告"政治思想上有问题"[2]。全民族抗战爆发后，陶铸被党组织从国民党监狱中营救出来，担任中共湖北省工委副书记（后任中共湖北临时省委副书记），他在湖北应城县的汤池以训练农村合作社干部的名义，培养抗日军政干部。这个训练班开办不久，便受到国民党特务的注意，蒋介石也对王明说这个训练班"是挂羊头卖狗肉"，"影响统一战线"，要王明立即通知训练班停办。于是王明指责董必武和中共湖北省委负责人说："国民党出钱，贷款就贷款嘛，为什么搞游击战呢？不要搞党的建设、游击战争、马列主义，只讲讲办合作社就行了！"要训练班立即解散。在周恩来、董必武的支持下，陶铸进行了抵制，训练班才在武昌又办了第4期。7月中旬武汉党组织召集部分工厂支部负责人开会，有人提出把工人组织到农村去打游击。王明却说："军队干部派不出来，打游击不行。"作家马识途回忆当时的情况时说："我听过王明的报告，他要我们坚持在国民党地区工作，要支持国民党抗日。大量的人要留下来，跟着退到大后方去。"[3]

针对党内外一些人对游击战作用的质疑，1938年2月，毛泽东在同美国合众社记者王公达的谈话中，特地对运动战、阵地战、

---

[1] 郭德宏：《王明年谱》，社会科学文献出版社2014年版，第375—376页。
[2] 郭德宏：《王明年谱》，社会科学文献出版社2014年版，第381页。
[3] 武汉市总工会工运史研究室编：《武汉工运史料3——纪念抗日战争胜利四十周年专辑》，1985年编印，第46页。

游击战三者之间的相互关系作了说明,强调这三种方式互相配合,必能使敌军处于极困难地位。并且明确表示:"有人说,我们只主张游击战,这是乱说的,我们从来就主张运动战、阵地战、游击战三者的配合。在目前以运动战为主,以其他二者为辅,在将来要使阵地战能够有力地配合运动战。而游击战,在它对于战斗方式说来,则始终是辅助的,但游击战在半殖民地的民族战争中,特别在地域广大的国家,无疑在战略上占着重大的地位。"[1]

为了使党内外对游击战的重要性有正确的认识,1938年5月,毛泽东写作了《抗日游击战争的战略问题》,并在这年5月30日出版的《解放》杂志第40期公开发表。文章一开头就明确提出:如果我们是一个小国,游击战争只是在正规军的战役作战上起些近距离的直接的配合作用,那就当然只有战术问题,没有什么战略问题。又如果中国也像苏联那样地强大,敌人进来,很快就能赶出,或虽时间较久,但是被占地区不广,游击战争也只是一种战役的配合作用,当然也只有战术问题,没有什么战略问题。中国是一个大而弱的国家,而被日本这样一个小而强的国家所攻击,但是这个大而弱的国家却处于进步的时代。在这样的情况下,敌人占地甚广的现象发生了。但由于日本是个小国,兵力不足,这就决定了战争将是长期的,而且在占领区留了很多空虚的地方,因此,抗日游击战争就主要地不是在内线配合正规军的战役作战,而是在外线单独作战;并且由于中国的进步,就是说有共产党领导的坚强的军队和广大的人民群众存在,因此抗日游击战争就不是小规模的,而是大规模的。这样在整个抗日战争虽然

---

[1]《毛泽东文集》第二卷,人民出版社1993年版,第100页。

仍然处于辅助地位的游击战争,但"就从战术范围跑了出来向战略敲门,要求把游击战争的问题放在战略的观点上加以考察"[1]。因此,中国的抗日游击战争就不只是战术问题,更重要的是战略问题。

毛泽东指出:战争的基本原则是保存自己消灭敌人,抗日游击战争的军事行动,要达到保存自己消灭敌人的目的,就必须采取如下方针:(一)主动地、灵活地、有计划地执行防御战中的进攻战,持久战中的速决战和内线作战中的外线作战;(二)和正规战争相配合;(三)建立根据地;(四)战略防御和战略进攻;(五)向运动战发展;(六)正确的指挥关系。毛泽东认为,这是全部抗日游击战争的战略纲领,是达到保存和发展自己,消灭和驱逐敌人,配合正规战争,争取最后胜利的必要途径。毛泽东分别就如何实施这些方针进行了具体的论述。

毛泽东详细论证了建立抗日根据地的必要性和重要性,认为这是随着战争的长期性和残酷性而来的。因为失地的恢复须待举行全国的战略反攻之时,在这以前,敌人的前线将深入和纵断我国的中部,小半甚至大半的国土被控制于敌手,成了敌人的后方。我们要在这样广大的被敌占领地区发动普遍的游击战争,将敌人的后方也变成他们的前线,使敌人在其整个占领地上不能停止战争。我们的战略反攻一日未能举行,失地一日未能恢复,敌后游击战争就应坚持一日,这种时间虽不能确切断定,然而无疑地是相当地长,这就是战争的长期性。同时敌人为了确保占领地的利益,必将日益加紧地对付游击战争,特别在其战略进攻停止之后,必将残酷地镇压游击队。这样,长期性加上残酷性,处于

---

[1]《毛泽东选集》第二卷,人民出版社1991年版,第405页。

敌后的游击战争,没有根据地是不能支持的。因此,根据地是游击战争赖以执行自己的战略任务,达到保存和发展自己、消灭和驱逐敌人之目的的战略基地。无后方作战,本来是敌后游击战争的特点,因为它是同国家的总后方脱离的。然而,没有根据地,游击战争是不能够长期地生存和发展的,这种根据地也就是游击战争的后方。[1]

毛泽东认为,抗日游击战争的根据地大体不外三种:山地、平地和河湖港汊地。山地根据地将是抗日游击战争最能长期支持的场所,是抗日战争的重要堡垒;平地较之山地当然差些,然而决不是不能发展游击战争,也不是不能建立任何的根据地,河北平原、山东的北部和西北部平原,已经发展了广大的游击战争,是平地能够发展游击战争的证据;依据河湖港汊发展游击战争,并建立根据地的可能性,客观上说来是较之平原地带为大,仅次于山岳地带一等。建立根据地的基本条件,是要有一个抗日的武装部队,并使用这个部队去战胜敌人,发动民众。只有这三个基本的条件逐渐地具备之后,根据地才能真正地建立起来。

在科学论证了抗日游击战争的战略地位的同时,为了驳斥全民族抗战爆发后国民党内一些人的"亡国论"和"速胜论",这年5月26日至6月3日,毛泽东在延安抗日战争研究会上作了《论持久战》的讲演。毛泽东指出,中日战争不是任何别的战争,而是半殖民地半封建的中国和帝国主义的日本之间在20世纪30年代进行的一个决死的战争。日本是一个强的帝国主义国家,它的军力、经济力和政治组织力在东方是一等的,但它对中国的战

---

[1]《毛泽东选集》第二卷,人民出版社1991年版,第418页。

争是退步的和野蛮的。中国虽然是个弱国，但它的反侵略战争是进步的、正义的，而且又有了中国共产党及其领导下的军队这种进步因素。同时，日本又是一个小国，其人力、军力、财力、物力均感缺乏，经不起长期的战争；中国是一个很大的国家，地大、物博、人多、兵多，能够支持长期的战争。日本发动的侵略战争在国际上将是失道寡助；而中国的反侵略战争的进步性、正义性而产生出来的国际广大援助。这些特点，规定了和规定着双方一切政治上的政策和军事上的战略战术，规定了和规定着中国不会亡，最后的胜利不属于日本而属于中国；中国也不会速胜，抗日战争将是持久的。

抗日战争既然是持久战，最后胜利又将是属于中国的。因此，这场持久战将具体地表现于三个阶段之中。第一个阶段，是敌之战略进攻、我之战略防御的时期。第二个阶段，是敌之战略保守、我之准备反攻的时期。第三个阶段，是我之战略反攻、敌之战略退却的时期。毛泽东认为，抗日战争的第二阶段将是很痛苦的时期，必须准备付出较长的时间，熬过这一段艰难的路程，才能进入战略反攻阶段以取得抗战的最终胜利。因此，战略相持阶段又是整个抗日战争敌我双方力量对比"转变的枢纽"。

在《论持久战》中，毛泽东提出了一个十分重要的思想："兵民是胜利之本。"他强调："武器是战争的重要的因素，但不是决定的因素，决定的因素是人不是物。力量对比不但是军力和经济力的对比，而且是人力和人心的对比。"[1]"战争的伟力之最深厚的根源，存在于民众之中。日本敢于欺负我们，主要的原因在于

---

[1]《毛泽东选集》第二卷，人民出版社1991年版，第469页。

中国民众的无组织状态。克服了这一缺点,就把日本侵略者置于我们数万万站起来了的人民之前,使它像一匹野牛冲入火阵,我们一声唤也要把它吓一大跳,这匹野牛就非烧死不可。"[1]

毛泽东在这里特别强调了游击战在持久战中的重要性。他指出:游击战争在第一阶段中乘着敌后空虚将有一个普遍的发展,建立许多根据地,基本上威胁到敌人占领地的保守,因此第二阶段仍将有广大的战争。这个阶段的战争是残酷的,地方将遇到严重的破坏。但是游击战争能够胜利,做得好,可能使敌只能保守占领地三分之一左右的区域,三分之二左右仍然是中国的,这就是敌人的大失败,中国的大胜利。他强调,整个战争中,运动战是主要的,游击战是辅助的,但游击战在抗日战争中的战略地位仅仅次于运动战,因为没有游击战的辅助,也就不能战胜敌人。而且长期的残酷的战争中间,游击战不停止于原来地位,它将把自己提高到运动战。这样,游击战的战略作用就有两方面:一是辅助正规战,一是把自己也变为正规战。在中国,游击战的本身,不只有战术问题,还有它的特殊的战略问题。

毛泽东还认为,在抗日战争三个战略阶段的作战形式,第一阶段,运动战是主要的,游击战和阵地战是辅助的。第二阶段,则游击战将升到主要地位,而以运动战和阵地战辅助之。第三阶段,运动战再升为主要形式,而辅之以阵地战和游击战,但这个第三阶段的运动战,已不全是由原来的正规军负担,而将由原来的游击军从游击战提高到运动战去担负其一部分,也许是相当重要的一部分。"从三个阶段来看,中国抗日战争中的游击战,决不

---

[1]《毛泽东选集》第二卷,人民出版社 1991 年版,第 511—512 页。

是可有可无的。它将在人类战争史上演出空前伟大的一幕。"因此，"八路军的方针是：'基本的是游击战，但不放松有利条件下的运动战。'这个方针是完全正确的，反对这个方针的人们的观点是不正确的。"[1]可以说，这也是对王明贬低游击战作用的一个公开回答。

《论持久战》对抗日战争的过程和前途作了科学的预判，回答了当时人们普遍关心的"中国会不会亡"和"能不能速胜"这样的重大关切，增强了全国人民持久抗战最终取得胜利的信心，为抗日战争的胜利指明了正确方向和具体道路，发表后在党内外产生了重大影响。7月上旬，中共中央致电长江局，要其在《新华日报》上刊登《论持久战》，可是王明等借口文章太长不予登载。随后中共中央再次致电长江局，要他们分期刊登，但王明等仍不同意。由于同样的原因，《群众》周刊也未刊载。以后只是在《新群丛书》中作为第15种出了个单行本。后来王明在《中共五十年》一书中曾说："在延安发表该文后，毛泽东又将此文送往武汉，要求在《新华日报》上刊登（该报编辑部在我的指导下进行工作）。我和秦邦宪（博古）、项英、凯丰及其他同志一致反对这篇文章，因为该文的主要倾向是消极抵抗日本侵略、等待日本进攻苏联。这个方针既同中国人民的民族利益，又同中国共产党的国际主义义务相矛盾。共产党的政策是，中国人民应当积极同日本侵略者作战，这一方面是为了保卫中国的独立和领土完整；另一方面则借以阻止日本军国主义者发动反苏战争，所以，我们决定不在《新华日报》上发表《论持久战》一文。"[2]

---

[1]《毛泽东选集》第二卷，人民出版社1994年版，第499—500页。
[2]王明：《中共五十年》，现代史料编刊社1981年版，第185页。

第四章　中共六届六中全会

由于长期的战争环境以及各种原因，自1934年1月中共六届五中全会召开之后，很长时间一直没有召开党的中央全会。到1938年9月，全民族抗日战争已经进入了一年多的时间，即将进入一个新阶段，战争由战略防御开始转向战略相持。在这一年多的时间里，抗日根据地从无到有地开辟出来，中共领导的武装力量得到了很大发展，党自身的队伍也得到了很大的壮大。特别是共产国际对中共中央一年多的工作进行了肯定，同时也认可了毛泽东的领导能力。在这样的情况下，中共中央决定召开六届六中全会，以讨论和研究党在新阶段面临的形势和任务，确定新阶段的路线和方针。

一、九月中共中央政治局会议

根据1938年3月中共中央政治局会议的决定，任弼时于3月5日离开延安启程前往莫斯科。4月14日，他向共产国际提交了《中国抗日战争的形势与中国共产党的工作和任务》的书面报告。报告分为"中国抗日战争形势""抗日民族统一战线的现状""八路军在抗日战争中的作用和最近状况""中国共产党的状况与群众工作""中国共产党目前最重要的任务"等五部分。

报告总结了抗战八个月所取得的主要收获，如"给日寇以相当打击，使敌人蒙受其未预料的损伤"，"造成中国从未有过的内部团结统一的局势"，"国民政府在抗战中开始成为国防性质的政府"，"国民革命军开始成为统一的国防军"，"中国国际地位开始在抗战中提高了"，"民众运动有组织地和自发地在开展"，"获得对日作战的许多经验，使得军事战略战术上开始进步"等。

报告分析了决定中日战争胜负的三个因素，即中国力量的变动、日本力量的变动和国际形势的变动，认为这三个因素的变动都将有利于中国的持久抗战以取得最后胜利。报告同时也指出了中国所面临的困难与危机，强调"目前的形势，坚持抗战的力量还是超过投降主和派的力量，特别是前线作战的将领的最大多数和一部分国民党元老，还是主张坚持抗战的。在政府中有决定意义的蒋介石，今天还是表示坚决的。全中国的人民，是绝不愿意投降屈服的"。

报告分析了抗日民族统一战线的现状，认为"去年十二月份政治局会议后，中国抗日民族统一战线有了许多的进步与发展"，具体表现在：

（一）中国共产党与国民党的合作日益进步。由于对统一战线的认识还存在某些不足的地方，工作方式上存在着缺点，加之国民党人士的深刻偏见，曾经与国民党政府和军队间有某些摩擦，但这种现象"在中央十二月政治局会议以后逐渐减少，使统一战线得到发展与成绩"。

（二）十二月会议，"王明同志等带回季米特洛夫同志关于巩固发展中国抗日民族统一战线的指示，对于统一战线问题有着更详细的讨论，认定国共合作的统一战线，不仅是党的策略上的改变，而且是战略性质的改变，确立国共两党合作是长期的。"

（三）认定统一战线的基本条件是抗日："抗日高于一切"，"一切服从抗日"，民主、民生均在其次。

（四）指出统一战线的内容是各党各派合作，在国民政府现有基础上，建立统一的国防政府；在现有军队的基础上，扩大与建立统一的国防军；建立统一的民众团体，发动群众运动。

（五）在民族统一战线当中，各党派在共同纲领下，是互相帮助，互相发展，共同领导，共同负责，不应有谁投降谁、谁推翻谁的企图。在统一战线中，党应保持组织上的独立与批评的自由，但批评应是善意的，反对投降主义和关门主义。

（六）说明共产主义与三民主义的关系，指出三民主义应该是为民族独立、民主自由、民生幸福而斗争的。

（七）巩固和扩大民族统一战线，是争取抗战胜利的中心与先决条件。

（八）在党内外宣布这种统一战线的原则，并发布十二月宣言后，国共关系基本上有了一些进步，如建立两党委员会雏形，容许共产党和进步分子参加政治机构等。

报告提出，"巩固和发展中国的民族统一战线，成为中国党最中心的任务"，为此，应采取如下基本方针：（一）调整以国共两党为基础的各党派之间的关系，使之在抗日纲领之下更能密切合作；（二）使地方政府、军队和中央之间，及人民与政府、军队之间的关系，更为密切与合作；（三）孤立、分化并逐渐淘汰亲日派，推动与帮助国民党进步，使政府机构改进成为健强统一的国防政府；（四）组织广大无组织的群众加入统一战线的群众团体，以充实和扩大统一战线基础。[1]

5月17日，任弼时出席共产国际执委会会议，并就4月14日的书面报告大纲作了说明与补充（以下简称口头报告）。口头报告首先介绍了中国九个月抗战的简单经过和九个月抗战的估计，其内容与4月14日书面报告大致相同。

接着，口头报告分析了中国抗日战争遭受军事上失利在"客观上和主观上的许多原因"。"在客观上，因为日本是一个武装齐备的帝国主义国家，有长期的侵略准备与布置，且有德意的援助与配合，而中国是一个半殖民地的，不统一的，武装不完备而且还少抗战准备的国家。""在主观上，有不少军事上与政治上的缺点与错误"，如"全面抗战的决心下得太迟，致使敌人利用了时机"；"在战略布置上，没有能够以基本主力使用于华北战场，利用开阔战场，打击与消耗敌人"；"在战役战术上，在整个时期中，多采取消极正面防堵作战方针，而未采取积极防御的侧后方面的运动战的配合"；"在政治上，政府机构中未能坚决淘汰亲日主和分子，吸引进步分子加入，而加以改革"等。

报告认为，持久抗战以求得最后胜利，是中国抗战的总方针，并且具备进行持久作战的条件。同时，在目前中国抗战局势中，还存在着许多困难与危机，主要表现在政府的机构没有进行必要的改革，亲日派、汉奸、托派及主和分子和贪污作恶分子，还是包容在政府机构中；中国政府的财政状况相当困难，政府的基金快要用完，借外债也很困难；政府及国民党对群众运动，

---

[1] 任弼时：《中国抗日战争的形势与中国共产党的工作和任务》（1938年4月14日），《文献和研究》1985年第3期。

虽然比以前开放了一些，但是还表示一种畏惧的心理，对群众运动加以限制。因此，"在抗战问题上，目前摆在中国党面前的最基本的任务，是防止和克服中国政府对抗战方针的动摇，以一切努力，争取中国能持久抗战，以求得最后战胜日本帝国主义"。

口头报告接着介绍了抗日民族统一战线的一般状况和中共在统一战线中的基本方针。报告指出：在去年十二月前后的短时期中，两党合作问题上引起了一些摩擦。如捣毁《新华日报》馆，限制中共活动，甚至诬以汉奸名义拘捕共产党员；造谣说八路军不听指挥，不愿牺牲等；禁止中共成立游击队，不准八路军就地筹办粮食，不优待八路军新扩大兵员的家属，以限制中共的扩大等。"这些摩擦产生的原因，一方面是由于国民党上层分子看到共产党与八路军在全国群众中有极高的影响，八路军不断地壮大，引起他们的畏惧。他们还抱着很深的仇视观念与成见，故意从各方面来限制和破坏我们。同时，我党对国民党转变和两党合作长期性认识不充分，在工作方式上有严重缺点也是重要原因。"

口头报告对十二月会议再次作了充分肯定，认为十二月会议确定了关于统一战线的基本原则，并且"中国党根据这些原则教育全党同志，同时并向外宣布。在去年十二月宣言中，提出与国民党合作是长期的，不仅为着抗日，而且在抗日胜利之后，共同建国。这使得以国共合作为基础的统一战线，在基本上有了一些进步，如建立两党委员会，准许我党公开在武汉办日报，周恩来同志被邀请为国民政府军事委员会政治部副部长等"。

口头报告又介绍了此次国共合作的新特点，以及合作中遇到的困难与阻碍，这些困难主要表现在国民党上层分子"对共产党的畏惧心理和削弱共产党力量的企图"；"对共产党存着削弱企图和自大心理";"蒋介石企图把中国各个党派统一于他的控制之下,以逐渐削弱溶化共产党",国民党以复兴社为代表的一些人提出"中国只能有一个主义,一个政党,一个领袖,一个政府,一个军队等口号","想借统一之名来消灭中国共产党";等等。

报告重申,"巩固与发展民族统一战线,仍是中国党在抗日战争当中最基本、最中心的任务"。摆在中国党面前的迫切的工作,是"在努力说服国民党及其领袖,使他们打消那种并吞或消灭共产党的企图,使得国共两党以及其他党派之间,能建立起更密切的合作关系";改变目前的统一战线偏重于上层的活动,广大群众缺乏组织,使得统一战线的下层基础不坚实、不宽广的状况,将广大的无组织群众组织到统一战线的各种群众组织中去;从各方面推动地方政府与军队对中央政府的关系;在国共合作关系进步的基础上,推动国民党政府采取更多的进步的设施,逐渐改革现有的政治机构,淘汰亲日派、汉奸、托派,引进进步分子参加政治机构,充实政府组织战争的能力。

报告还用很大的篇幅介绍了八路军在抗日战争中的作用及其最近状况,强调游击战争在抗日战争中有其特殊重大的作用与意义,而且随着战争范围更加扩大,特别是万一武汉等城市失陷以后,它的作用意义更为重大。"中国党正以极大的努力,在敌人占领区域内开展人民的游击战争,并使中国党在游击战争中起到主要的领导作用。"并且认为在新的形势与环境下,"巩固部队中的共产党的领导,保持和发扬过去十年来红军的优良传统,提高一般指战员的政治水平,以最高度的警觉性,防止外界恶劣影响的侵入及托派、汉奸的破坏等,是目前中国党巩固自己的军事力量的最重要的任务。"[1]

6月11日，共产国际执委会主席团会经过讨论后，作出了《共产国际主席团关于中共代表报告的决议案》和《共产国际执委会主席团的决定》(以下简称《决议案》和《决定》)。

《决议案》指出："共产国际执委会主席团在听了关于中国共产党的活动的报告以后，认为中国共产党的政治路线是正确的。中国共产党在复杂和困难条件之下，灵活地转到抗日民族统一战线的政策之结果，已建立起国共两党的新的合作，团结起民族的力量，去反对日本的侵略。"

《决议案》提出了十二项意见，"作为中共代表团宣言中所提出的任务之补充"，其要点是：(一)抗日民族统一战线没有和不能限制参加统一战线的各党派在政治上及组织上独立性之目的，这无论是对国民党、共产党或其他抗日的党派来说，都是如此。中国共产党从自己方面来说，用一切方法援助蒋介石所领导的国民政府，去实行一切必需的办法，以便胜利地进行武装抗日的斗争。共产党应该诚恳地援助蒋介石，去反对日本强盗及其在华走狗的任何阴谋诡计，在保护祖国的事业上，共产党员应该用自己的忠诚、坚决、勇敢、诚实及彻底性，来给全中国的爱国主义者一个好榜样。(二)中国共产党应该积极帮助国民政府，去实行征兵制，建立新军和动员全体人民来参加战争；加紧军队内军事技术的准备，提高军队内政治觉悟与纪律，巩固所有中国军队相互间的友爱关系及其与居民的友爱关系。(三)中国共产党应该

---

[1]《任弼时选集》，人民出版社1987年版，第169、172—173、177、179、181—182、187—188、199页。

用一切办法去帮助国防工业的发展,并使整个的国民经济适合于民族解放战争的需要。(四)勇敢地开展抗日民族统一战线,不仅不否认并包含着在政治上、组织上各方面去巩固共产党本身。共产党的巩固,它的独立性及它的统一,正是继续向前发展民族统一战线和继续同日寇做胜利的斗争的基本保证。此外,《决议案》还提出,孙中山的三民主义是国共合作的政治基础,共产党应该加紧和扩大八路军及新四军的战斗力,在职工运动中共产党只是在合法的工会内工作,用一切办法去帮助农民的组织,在少数民族中发展广泛的工作,经常巩固党在政治上、思想上及组织上的统一和加强党的纪律,并批准中国共产党开除张国焘的党籍。[1]

《共产国际执行委员会主席团的决定》的内容主要有两项:(一)完全同意中国共产党的政治路线,并声明共产国际与中华民族反对日寇侵略者的解放斗争是团结一致的。(二)批准中国共产党开除前中央委员张国焘之党籍,因为"他背叛共产主义和抗日民族统一战线的事业,他将自己出卖给中华民族的敌人。主席团深信,张国焘的背叛行为,不仅在中国共产党的队伍内,并且在抗日民族统一战线的真诚的拥护者中,都会遇到完全的唾弃与蔑视"。[2]

有论者说,共产国际的《决议案》和《决定》"沉重地打击了王明的错误主张,充分地肯定和支持了以毛泽东为代表的党的

---

[1]《共产国际主席团关于中共代表报告的决议案》(1938年6月),《文献和研究》1985年第4期。
[2] 中央档案馆:《中共中央文件选集》第11册,中共中央党校出版社1991年版,第888页。

正确路线"。这个结论恐怕有些牵强。共产国际的《决议案》确实肯定了中国共产党的政治路线是正确的,而共产国际之所以肯定中共政治路线的正确性,是因为中共"在复杂和困难条件之下,灵活地转到抗日民族统一战线"。也就是说,是中共成功地放弃了十年内战时期的政策,建立起抗日民族统一战线。共产国际并没有认为中共内部此时有正确路线与错误路线之分,更没有提及谁是正确路线的代表、谁是错误路线的代表。任弼时在向共产国际的报告中,也没有任何文字表明中共内部在统一战线问题上存在原则分歧,连毛泽东直到1941年9月中共中央政治局会议时,仍认为王明在武汉工作期间虽有个别错误,但"路线是对的"。王明回国后不论是十二月会议的发言,还是三月政治局会议的报告,以及他公开发表的一些文章,其基本精神正是来自共产国际,在共产国际看来,王明本不存在所谓"错误主张",在其《决议案》中又何能给王明以"沉重的打击"。当然,从王明回国之时季米特洛夫就明确要求中共要团结在毛泽东的领导之下,并嘱咐王明回国后不要争权,不要争当领袖的情况看,共产国际已经认可了毛泽东在中共的领袖地位。在这个意义上,共产国际肯定了中共的政治路线是正确的,也等于间接地肯定了毛泽东对中共领导的正确性。

任弼时向共产国际执委会作上述报告后,作为中共驻共产国际代表的王稼祥提出回国,得到批准,其工作由任弼时接任。王动身回国前,共产国际执委会主席季米特洛夫对他和任弼时作了一次谈话,据王稼祥回忆说:"在我要走的那一次,他向我和任弼时同志说了一番语重心长的话。他说:应该告诉大家,应该支持毛泽东同志为中共领导人,他是在实际斗争中锻炼出来的。其他人如王明，不要再去竞争当领导人了。""至于谈到任弼时当时提出的给八路军以援助的问题，他说，现在的形势下由苏联单独援助武器给八路军是真正帮忙，还是帮了倒忙呢？言下之意，假若苏联直接援助了八路军，则国民党政府会发生重大的变化。这样一来是得不偿失。但是他答允了给予中共以财政援助。"[1]8月初，王稼祥回到了延安。

王稼祥回国后，中共中央通知王明等长江局领导人回延安听取共产国际的指示，并准备召开政治局会议和扩大的六届六中全会。8月7日，王明、周恩来、秦邦宪、凯丰致电毛泽东、张闻天等，请中共中央派王稼祥速来武汉传达共产国际指示，如王稼祥万一不能来时，请将共产国际指示的主要内容迅速电告。8月10日，毛泽东、张闻天等复电：王稼祥不能来汉，决议原文尚未到达，为有充分时间研究共产国际指示内容起见，请长江局负责人在政治局会议前早几天回延安。[2]

对于这件事，王稼祥后来回忆："王明当时在武汉工作，一听说我回国带了共产国际的文件，盘算不知对他是凶是吉。毛泽东同志指定我在六届六中全会上传达共产国际的文件，并且打电报叫王明回延安，参加六届六中全会听取传达共产国际的文件。王明不服从，竟然蛮不讲理，反而要毛主席、党中央到他那儿——汉口或西安召开党的六届六中全会。这是一个狂妄的阴谋，他是要以国民党统治地区作为开会的地点，而不以我党自己

---

[1] 徐则浩：《王稼祥传》，当代中国出版社2006年版，第187页。
[2] 中共湖北省委党史资料征集编研委员会等：《抗战初期中共中央长江局》，湖北人民出版社1991年版，第912页。

的根据地延安为党的开会地点。不难看出,王明仍一心要抬高国民党蒋介石的统治地位,妄想把无产阶级革命政党,随时随地奉送给蒋介石,连我党中央的重要会议也要在国民党统治区开。不仅如此,王明还妄想拉拢我个人,要我去武汉向他单独透露共产国际讨论问题的经过,和传达文件内容,以及在莫斯科谈话的情况。我及时看穿了他的诡计,没有上他这一圈套。我打了电报,告诉他速来延安,听取传达共产国际季米特洛夫同志的重要意见,应服从毛泽东同志的领导,否则后果由他自己负责。"[1]

8月29日,王明与周恩来、博古离武汉前往延安参加中共扩大的六届六中全会。9月10日前后,王明、周恩来、博古等回到延安,受到延安各界群众的热烈欢迎,毛泽东、朱德等中央领导人亲自前往迎接。当年的中共中央机关报《新中华报》曾有这样的报道:

> 王明同志回来了,这消息来得像一个晴空里的霹雳、突兀、嘹亮……让你来不及为这个消息而鼓舞便得匆匆的走向南门的路上去。
>
> 渐渐的看见三只卡车的影子,近看,近看,戛然而止了,第一个跃出车来的是英俊、挺伟的周恩来同志,朱德将军走了上去,两个紧紧地握着手,手在迅疾抖动着;接着出现在人群里的是丰腴的王明同志,朱德将军依然递过去握了他的手,可是出乎意料的王明同志一下子把他拥抱起来,笑

---

[1] 王稼祥:《回忆毛泽东同志与王明机会主义路线的斗争》,《人民日报》1979年12月27日。

着说:"我跟你行洋礼。"

毛泽东同志突然也急匆匆地从城里赶来,在台上和刚下车的人们热烈的握手……

随着李富春同志简略报告而站在台前的王明同志,掌声又起了,长长的时间,使得他不得不用手势来压了下去。[1]

在中共六届六中全会召开前,中共中央政治局曾召开会议。此次会议于9月14日开始,9月26日结束,连续开了12天,其中9月18日休会一天。会议的第一项内容,就是听取王稼祥作《国际指示报告》,传达共产国际的有关指示和精神。报告共分五部分。

(一)国际对中共党的路线的估计。报告说:"根据国际讨论时季米特洛夫的发言,认为中共一年来建立了抗日统一战线,尤其是朱、毛等领导了八路军执行了党的新政策,国际认为中共的政治路线是正确的,中共在复杂的环境及困难条件下真正运用了马列主义。"

(二)关于国共合作与统一战线问题。这是报告的中心内容。王稼祥说:国际认为,统一战线是建立起来了,但今天还不够广泛与坚固,这是总的方针。民族统一战线的特点,是反对外族压迫,又是外国敌人打到中国来、在战争中发展起来的。在统一战线内包括地主等复杂成分,因此还包括了一部分亲日及反共分子,这一方面的趋势是在战争中形成与发展起来的,是一种进

---

[1]《延安各机关群众团体及学校欢迎陈周秦徐同志志盛》,《新中华报》1938年9月15日。

步,另一方面又因经过国内战争,统一战线中还有反共、亲日分子进行破坏。对国民党的估计,一般在战争中是会进步的,但因包括各个阶层,在发展中还有一种逆流。顽固派是阻碍抗战起步的。蒋介石及国民党主要部分在战争中妥协的可能性是更少的。

王稼祥又报告说,共产国际认为,中共在统一战线中的任务,是发展与巩固统一战线。

第一,**诚意拥蒋,拥护国民政府**。在诚意拥护中并不因此便不反对亲日派,相反地,正是要反亲日派斗争。

第二,在巩固国共合作中,要中共党员在政府与军队中起模范作用,在政治上、工作上去影响国民党,如过去恩来影响张、杨(指张学良和杨虎城——引者)即是很好的。季米特洛夫指示要多作上层活动,使国民党员同情于我们。

巩固国共合作不在于在国民党内及军队里建立中共党的组织,主要是影响国民党的党员。将来国民党先进分子可能加入共产党,但今天还重在影响国民党员。如果在国民党及国军中发展党员,坏处多,好处少。

国共两党关系主要是共同去反对主要敌人,今天任何一个党派去反日都是没有可能取胜的。中共只有在抗战中努力,才能使人民更加拥护。

第三,国际认为,中共提出拥护三民主义是正确的,要提出谁不愿统一,不实行三民主义,谁就不能真正地完成抗战的任务。

第四,中共不参加国民政府是对的,国内外有许多反对统一战线的人,我们以不参加国民政府为有利,但军事、国防部门可以参加。

（三）关于国际援华运动。报告说，共产国际认为，援华运动一般的是做得不够，主要原因在于中共国际宣传做得不充分，不通俗。今后中共要将日寇的野蛮政策、残酷行为写成控告书，并且将中国人民英勇抗战的情形向世界公布。

（四）关于中共七次大会问题。共产国际认为，"中共七次大会要着重于实际问题，主要着重于抗战中的许多实际问题，不应花很久时间去争论过去十年内战中的问题。关于总结十年经验，国际认为要特别慎重。""七大决议在注意短期的、实际的东西。""七大要吸引许多新的干部。"

（五）关于党内团结问题。王稼祥说："季米特洛夫与我谈话中有下列各点：（1）今天中共在全国取得公开存在，在群众中有很大的威信，党在公开活动中是有可能影响国民党的。（2）今天日寇特别要很巧妙地挑拨破坏党内团结，如制造什么周恩来与毛泽东的冲突等。（3）今天的环境中，中共主要负责人很难在一块，因此更容易发生问题。""在领导机关中要在毛泽东为首的领导下解决，领导机关中要有亲密团结的空气。"

王稼祥最后说："在我临走时他特别嘱咐，要中共团结才能建立信仰。在中国，抗日统一战线是中国人民抗日的关键，而中共的团结又是统一战线的关键。统一战线的胜利是靠党的一致与领导者间的团结。这是季米特洛夫临别时的赠言。"[1]

从王稼祥这个报告的内容看，共产国际的指示再次肯定"中共的政治路线是正确的"，而共产国际之所以作出这种评价，就在于中共"建立了抗日统一战线"。王稼祥带回的共产国际关于

---

[1]《王稼祥选集》，人民出版社1989年版，第138—142页。

国共合作与统一战线的指示，并没有强调中共在统一战线中要坚持独立自主，而是肯定国民党抗战之后"会进步"，蒋介石中途对日妥协的可能性"更少"，要求中共"诚意拥蒋"，中共党员要用自己的模范作用去"影响国民党"，其基本观点与王明在十二月会议所讲的并无根本性的差异。在随后召开的中共六届六中全会上，毛泽东所作的《论新阶段》的政治报告中，对国民党与蒋介石曾给予了较高的评价，这很大程度上恐怕与共产国际的上述指示有关。共产国际亦没有对王明回国后的是非问题作出任何评判，它所强调的是中共要加强内部的团结。为保证这种团结，特地指示中共在召开七大的时候，要着重讨论抗战中的实际问题，而不要去争论十年内战时的问题。共产国际的指示对六届六中全会的最大影响，是它明确表示中共的领导机关要"以毛泽东为首"，正式肯定了毛泽东在全党的领袖地位。

尽管此时共产国际对中国党内部在统一战线问题上谁是谁非并未做出评判，但共产国际执委会主席团做出的《决议案》和《决定》、季米特洛夫的意见传达后，对纠正王明的右倾错误起了重大作用。"这样，就把王明路线所以能够存在的第一个原因——共产国际的支持——取消了。"[1] 遵义会议后，毛泽东虽然在职务上并不是中共中央总书记，但在实际工作中，在党内所产生的影响上，已经逐渐地起到领导核心作用，因而在事实上确立了中共中央的大政方针已经在"毛泽东为首的领导下解决"，但"这

---

[1]《陆定一文集》，人民出版社1992年版，第8页。

是第一次由共产国际正式加以肯定，它的意义自然非同小可"[1]。

毛泽东对共产国际这种肯定是满意的。他自己后来也在中共七大的口头政治报告中说："遵义会议以后，中央的领导路线是正确的，但中间也遭过波折。抗战初期，十二月会议就是一次波折。十二月会议的情形，如果继续下去，那将怎么样呢？有人说他奉共产国际命令回国，国内搞得不好，需要有一个新的方针。所谓新的方针，主要是在两个问题上，就是统一战线问题和战争问题。在统一战线问题上，是要独立自主还是不要或减弱独立自主；在战争问题上，是独立自主的山地游击战还是运动战。六中全会是决定中国之命运的。六中全会以前虽然有些著作，如《论持久战》，但是如果没有共产国际指示，六中全会还是很难解决问题的。"[2]

在这次政治局会议上，毛泽东、周恩来、朱德、刘少奇、王明、王稼祥等作了报告或发言。9月15日，周恩来在会上作关于中共代表团的工作的报告。报告分四个部分：（一）抗战形势和保卫武汉问题；（二）关于国民党的统治及其政策；（三）中共中央代表团在统一战线中的工作；（四）各方面对统一战线的破坏情况。周恩来还在9月26日的会议上就抗战形势和统一战线问题作报告，指出：抗战转入第二阶段（战略相持阶段）。在第二阶段要发展游击战争，使正规战与游击战相配合。要在战争中建立新的军队。要大胆地把新四军的老干部放出去开展游击战争。中共必

---

[1] 金冲及：《生死关头——中国共产党的道路抉择》，生活·读书·新知三联书店2016年版，第265页。

[2]《毛泽东文集》第三卷，人民出版社1996年版，第425页。

须在保持党的独立性的原则下，拥蒋合作，拥护三民主义，这是巩固统一战线的政治基础。[1]

同一天，朱德作八路军工作报告，介绍八路军抗战的经过、敌人战略战术的变迁、抗日根据地的建立、八路军本身的问题、一年来抗战的经验教训等，并指出：华北抗战经验证明，八路军虽然初期数量较少，但真正要抗战，非靠八路军不可，八路军在统一战线中起了模范作用。在 26 日的发言中，朱德又说，共产党要以天下为己任；为了掌握革命的领导权，干部必须要很好地学习马列主义，掌握革命理论。党内团结要实行正确的自我批评，党员要维护对党的领袖的信仰，因此，领导同志要有能接受批评的精神。领袖要听人家说自己的好话，同时还要听说自己不好的话。[2]

9 月 15 日，刘少奇在会上作关于北方局工作的报告，将华北形势的特点概括为：（一）整个华北成为战区，整个工作也是战区工作。（二）整个华北都是游击战争，一切工作都以游击战争为中心。（三）游击战争现在采取攻势，以游击战争包围敌人。（四）华北范围内我党领导的力量成主力。报告指出：华北抗日根据地已经建立，已经打好了长期抗战的基础。华北党的中心任务，就是坚持发展游击战争，坚持持久战，走向正规战争。建立抗日根据地，准备将来反攻的阵地。为此，要巩固华北的党与政权、军队，在巩固中发展，为了巩固而发展。在 9 月 26 日的会

---

[1] 中共中央文献研究室：《周恩来年谱（1898—1949）》，中央文献出版社、人民出版社 1989 年版，第 419 页。

[2] 中共中央文献研究室：《朱德年谱（1886—1976）》（新编本）中卷，中央文献出版社 2006 年版，第 830 页。

议上，刘少奇发言时又指出：现在半个中国是在敌人后方，大部分的领土、人口、物产都在敌后战区。共产党员要起模范作用，便要到前线、到战区去。同时，我们的长处也是战区的游击战争，对于我们的发展也以战区为有利。因此，我们的工作中心要放在战区。在讲到党内团结时，刘少奇说：要在组织上、党规上保证党的团结，个人服从组织，少数服从多数，下级服从上级。过去在莫斯科有人说，只要在政治上正确，组织上可以不服从，这是不对的。必须无条件服从组织，只能将意见提到上级去解决。但如遇到对革命有极大危害时，也只有立即向上级控告。为了党内团结，提倡党内向上级控告，而且可以越级控告。[1]

9月20日，王明在会上作政治报告。一共讲了五个问题：（一）一年来中日战争的基本总结；（二）目前抗战形势与保卫武汉问题；（三）怎样持久抗战与争取最后胜利；（四）新工作条件下的中国共产党；（五）抗战前途与民主共和国问题。"报告的内容与以前的观点相比虽然有不少改变，如开始改变速胜论的观点，也提出'长期持久战'，不再贬低游击战和敌后抗日根据地的重要性，也主张'发动游击战争'，并说它可以'发展成为根据地'，提出国共合作的'更大责任还在国民党'，应'保持中共在政治上组织上的独立性'等，但仍坚持他的一些错误观点，如继续强调保卫大武汉的特殊意义，说：'保卫武汉是全中国军民的责任，武汉的得失，关系着全中国政治军事经济文化交通的中心，且关系着国际的影响'，"保卫武汉是有可能的'；继续强

---

[1] 中共中央文献研究室：《刘少奇年谱》上卷，中央文献出版社2006年版，第235、236页。

调军队的'统一',并继续强调运动战,说应'以运动战游击战为主'等。"[1]

24日,毛泽东作长篇发言,主要内容是这次会议的意义、国际指示、抗战经验总结、抗日战争与抗日统一战线的新形势、今后任务等五个问题。他指出,共产国际对中共政治路线的估计是"恰当的和必要的","这种成绩是中央诸同志和全党努力获得的"。毛泽东认为,共产国际的指示"最主要的是党内团结",指示为这次会议的成功提供了保证。[2] 毛泽东还说:武汉失守的危险是存在着的,武汉失陷后抗日战争将开始进入一个新的阶段,从军事意义上讲是战略相持阶段,抗日民族统一战线也将进入一个新的阶段,党的任务是坚持抗战,坚持持久战,坚持统一战线,以团结全国力量,准备反攻。关于统一战线问题,毛泽东强调,必须处理好统一与斗争的辩证关系,并指出:"统一战线下,统一是基本的原则,要贯彻到一切地方、一切工作中,任何时候、任何地方不能忘记统一。同时,不能不辅助之以斗争的原则,因为斗争正是为了统一,没有斗争不能发展与巩固统一战线,适合情况的斗争是需要的,对付顽固分子,推动他们进步是必要的。"[3]

9月26日,张闻天作长篇发言。发言总结了中共六届五中全会以来取得的胜利,指出"国际批准党的政治路线,更能增进我

---

[1] 周国全、郭德宏:《王明传》,安徽人民出版社1998年版,第119—120页。
[2] 中共中央文献研究室:《毛泽东传(1893—1949)》,中央文献出版社1996年版,第516页。
[3] 中共中央文献研究室:《毛泽东传(1893—1949)》,中央文献出版社1996年版,第516页。

们的自信心"。统一战线虽然发生了逆流,国共之间有摩擦,但"总的方向是前进了"。统一战线是在矛盾中发展的,矛盾的解决促进运动的发展。他还说,抗日战争是由第一阶段转到第二阶段即相持阶段,在这一个阶段内,游击战、运动战将取代正规战成为战争的主要形式,民主等问题要进一步解决。武汉的保卫因没有具备一定的条件,是要失掉的,武汉不能保卫时,要避免极大的牺牲,不守时我们也有办法。中国持久战的胜利,不在于一个城市的得失。关于国共能否长期合作的问题,我们可以向他们答复,只要国民党愿与共产党合作,我们可以和国民党一起来建设社会主义,这就是说,不仅抗战建国,即在建设社会主义时,我们也要和他们合作。中国有和平转变到社会主义的可能,抗战胜利后能够建设"新式的民主共和国",在"新式民主共和国"中的经济建设有可能保证转变到社会主义。张闻天还着重讲了党内教育问题,提出要提高党内的警惕性,要加强理论学习,最重要的问题是在实际工作中学习,打通马列主义的难关。[1]

这天的会议上发言者还有王稼祥,他发言的题目是《关于巩固抗日民族统一战线的若干问题》。王稼祥认为,抗日民族统一战线与第一次国共合作的统一战线,主要有四点不同:第一,大革命时期的国共合作是反对一切帝国主义,现在是反对日本帝国主义;第二,上次国共合作是国内战争形式,现在是对外的民族战争,过去十年内战教训了全国人民,教训了蒋介石和国民党,没有国共合作不行;第三,过去一切帝国主义挑拨中国内战,造

---

[1] 张培森主编:《张闻天年谱》上卷,中共党史出版社2000年版,第585—586页;程中原:《张闻天传》,当代中国出版社1993年版,第413—414页。

成国共分裂，今天日寇要打倒国共两党，要消灭蒋介石的主力，这样的政策有利于国共合作；第四，共产党现在的政策与大革命时不同，现在的政策是巩固同国民党的联合，去对付共同的敌人。过去大革命发生国民党胜利还是共产党胜利的问题，现在是日本胜利还是国民党、共产党与中国人民共同胜利的问题。[1]

对于怎样巩固统一战线，王稼祥表示，他除了同意亲近国民党，向国民党做必要的让步外，还有两点补充：一是过去华北战区经验，要么就是我党领导的，或者就是国民党领导的，共同的合作的政权很难建立。因此，要保存一部分同情共产党的分子，不一定要加入国民党。第二，在中共领导的政权区域，不要包办，要扩大民主，"我们做出模范来，给全国看，即在我党占优势的地区，也要给国民党以相当的权利"，同时"多用自上而下的合作方式，这种方式的作用很大"[2]。

9月26日的会议还对即将召开的扩大的中共六届六中全会议程作出决定，由毛泽东作政治报告，王明作关于国民参政会的报告并负责起草政治决议，张闻天主持开幕式并致开幕词，王稼祥传达共产国际指示。会议决定成立中央规则起草委员会，由康生、刘少奇、王明负责起草关于中央委员会工作规则与纪律、各级党委暂行组织机构、各级党部工作规则与纪律等三个决定，准备提交扩大的六届六中全会讨论通过。会议还根据新的形势，决定撤销中共中央长江局，分别成立中共中央南方局和中原局。

---

[1]《王稼祥选集》，人民出版社1989年版，第143—144页。
[2]《王稼祥选集》，人民出版社1989年版，第144—145页。

二、六届六中全会的召开和毛泽东论新阶段

9月29日至11月6日，扩大的中共六届六中全会在延安召开。出席会议的政治局委员有毛泽东、朱德、周恩来、王明、张闻天、项英、博古、康生、王稼祥、彭德怀、刘少奇、陈云，中央委员有关向应、张浩、杨尚昆、李富春、罗迈（李维汉）。此外，不是中央委员的各方面负责人贺龙、邓小平、罗荣桓、彭真、潘汉年、徐特立、曾山、吴玉章、张文彬、朱理治、贾拓夫、林伯渠、谢觉哉、冯文彬、李昌、林彪、罗瑞卿、滕代远、萧劲光、谭政、郭述申、高自立、高岗、成仿吾、高文华、柯庆施、孟庆树、曹轶欧、萧克、杜里卿（即许建国）、徐海东、宋一平、谭余保、涂振农、李六如、程子华、陈刚（曾名刘作抚、易尔士，1935年5月赴苏联莫斯科出席共产国际第七次代表大会，后入列宁学院学习，1937年5月回国，年底到延安，参加组建中共中央敌区工作委员会，负责干部部工作）、杨松（曾任中共吉东特委书记，后任中共驻共产国际代表团代表，1938年2月回国，任中共中央宣传部副部长）等，也参加了会议。会议由毛泽东、王稼祥、康生、周恩来、朱德、彭德怀、博古、刘少奇、张闻天、陈云、王明、项英组成主席团，由李富春为秘书长，王首道、陈刚为秘书。

9月29日，全会开幕，由张闻天致开幕词。他说："从1934年1月的五中全会到现在已经五年了。这是中国共产党为中华民族解放事业而奋斗的五年。"五年中经历了许多重大的事变，"在这许多具有伟大历史意义的事变中间，中国共产党为中华民族和中国人民解放而英勇斗争，发挥了模范作用"。张闻天说，今天的国际形势和国内形势都是非常紧张的，我们是处在抗战的新阶

段前面,如何使中国共产党在中国民族抗战中发挥先锋作用,坚持抗战并增加自己的力量,就是这次全会要讨论的问题。张闻天对会议要讨论的具体问题作了归纳,即"要总结民族抗战的经验与教训,要正确估计目前形势,克服当前困难,使抗战走向胜利的前途";"要确定明确的方针,使我们党进一步发挥先锋、模范作用,使我们党成为广大的群众性的布尔什维克的党,以保证抗战的胜利";"要讨论召开党的第七次全国代表大会的问题"。他说:"所有这些,都是为着使中国共产党能在抗战中起先锋作用,实现民主共和国,直到将来实现社会主义。"[1]

张闻天致完开幕词后,由王稼祥作《国际指示报告》,再次传达了共产国际的相关指示。

同一天,会议主席团决定,以毛泽东、王明的名义给蒋介石写信。毛泽东致信蒋介石全文如下:

介石先生惠鉴:

恩来诸同志回延安称述先生盛德,钦佩无既。先生领导全民族进行空前伟大的民族革命战争,凡我国人无不崇仰。十五个月之抗战,愈挫愈奋,再接再厉,虽顽寇尚未戢其凶锋,然胜利之始基,业已奠定,前途之光明,希望无穷。此次,敝党中央六次全会,一致认为抗战形势有渐次进入一新阶段之趋势。此阶段之特点,将是一方面更加困难,然又一方面必更加进步,而其任务在于团结全民,巩固与扩大抗日

---

[1]《中共六届六中全会开幕词》(1938年9月29日),《张闻天文集》第二卷,中共党史出版社1992年版,第450—452页。

阵线，坚持持久战争，动员新生力量，克服困难，准备反攻。在此过程中，敌人必利用欧洲事变与吾国弱点，策动各种不利于吾国统一团结之破坏阴谋。因此，同人认为此时期中的统一团结，比任何时期为重要。唯有各党各派及全国人民克尽最善之努力，在先生统一领导之下，严防与击破敌人之破坏阴谋，清洗国人之悲观情绪，提高民族觉悟及胜利信心，并施行新阶段中必要的战时政策，方能达到停止敌之进攻，准备我之反攻之目的。因武汉紧张，故欲恩来同志不待会议完毕，即行返汉，晋谒先生，商承一切。未尽之意，概托恩来面陈。此时此际，国共两党休戚与共，亦即长期战争与长期团结之重要关节。泽东坚决相信，国共两党之长期团结，必能支持长期战争；敌虽凶顽，终必失败；而我四万万五千万人之中华民族，终必能于长期的艰苦奋斗中，克服困难，准备力量，实行反攻，驱除顽寇，而使自己雄立于东亚。此物此志，知先生必有同心也。专此布臆。敬祝健康！并致民族革命之礼！[1]

对于这封信，有著述称："毛的这封信由周恩来于10月4日在武汉当面交给了蒋介石，但从未收入《毛泽东选集》《毛泽东书信选集》和任何中共中央文件集，直到1990年3月出版《周恩来年谱（1898—1949）》时，才提及此事，但仍没有全文公布该信的内容。"实际上，此信早在1984年就已收入了由童小鹏主

---

[1] 重庆市政协文史资料研究委员会等：《抗战时期国共合作纪实》上卷，重庆出版社1992年版，第453—454页。

编的《第二次国共合作》(文物出版社出版)一书中。1992年由重庆出版社出版的《抗战时期国共合作纪实》一书也是全文收录。

这封信由周恩来于10月4日送交给了蒋介石(周因时局危急,未等全会结束,就于10月1日返回武汉)。至于蒋介石对于这封信的态度,他在其《苏俄在中国》一书中,曾如是说:"毛泽东这封亲笔手书的措辞,开口是'两党长期合作',闭口是'中华民族统一团结',完全不是共党素来的口吻,使我发生疑虑。而且他所谓'长期合作',另有其实质的要求。""于是我知道这是中共企图第二次大规模渗透本党的阴谋,我们依据民国十三年到十六年的惨痛经验,是不能再见上当的了。"[1]当然,这段文字是蒋介石后来所写,由此也可见蒋之反共立场。

中共六届六中全会的第一阶段,是听取中央有关领导人和各地区负责干部报告相关工作。

9月30日,新四军副军长、中共中央东南分局书记项英作《关于新四军成立与现状》的报告。报告分为五个部分:(一)新四军组建的经过。(二)新四军从成立至今经历的三个阶段:一是在各地区准备集中;二是开赴抗日前线;三是参加对敌作战。(三)新四军新近工作。(四)新四军在江南的工作。(五)新四军与友军(国民党军)的关系。项英说:1934年10月主力红军长征后,留在南方八省的红军和游击队,在党中央和相互间联系完全断绝的情况下,同"围剿"的国民党军进行了将近三年的战斗,直到"七七"抗战开始后才取得和平,也才取

---

[1] 参见[日]古屋奎二:《蒋介石秘录》第四卷,湖南人民出版社1988年版,第190页。

得党中央的指示。"八一三"淞沪抗战爆发后,对南方各游击区的问题才开始进行总的谈判,经过斗争,使国民党地方当局妄图分化我们的阴谋未能实现。但在集中过程中,摩擦仍然不断,我们尽量避免武装冲突,用事实揭露其宣传,将分散的部队集中起来开赴前线。项英又报告说:新四军军部1937年12月正式成立,部队开始定编为八个团,后来实际上编为十个团。新四军开始成立时,经费困难,武器短缺,我们提出"一切到前线去解决"的口号,经过数十次大小战斗,装备有了改善,部队比刚集中编组时扩大了。[1]

同一天下午,周恩来以中共代表团的名义,作关于统一战线工作的报告,"详细叙说中共六届五中全会以来抗日民族统一战线建立和发展的历史过程,提出有关统一战线工作的十二条原则;坚持抗战高于一切,坚持党在政治上的独立性,实现三民主义,认定国民党为主要合作对象,加强与地方军队的联系,坚持民众的动员,坚持国内民主,坚持国际和平阵线,坚持反对汉奸、托派,发展我们的力量,等"[2]。

10月2日和3日,八路军总司令朱德在会上作了华北八路军的报告。报告对八路军一年来在华北广泛开展游击战争,开辟敌后抗日根据地的经验教训作了总结,分析了抗日战争进行到现阶段的政治、军事形势和敌我战略战术的变迁;强调八路军今后的任务是"继续坚持统一战线,坚持抗战,坚持根据地,争取友军,

---

[1] 王辅一:《项英传》,中共党史出版社1995年版,第330页。
[2] 中共中央文献研究室:《周恩来年谱(1898—1949)》,中央文献出版社、人民出版社1989年版,第420页。

巩固本身",并提出了实现这个任务所应采取的措施。[1]

10月7日,八路军第一一五师政治委员罗荣桓作关于晋西工作的报告,汇报八路军第一一五师从2月起到现在的行动及其工作。报告首先介绍了晋西地区从2月起到现在局势的变化和吕梁山根据地的创建问题。接着他重点介绍了部队本身工作:在晋西战斗是小的,采取战斗方法主要是小部队的活动,互相配合行动,利用有利地形打击敌人。在战斗中,部队战斗力并没有减弱,老战士虽受损失,新战士却有补充,部队的战斗力增加了,新的兵团都练出来了。

关于部队的政治工作,罗荣桓说,出动后部队的政治工作受到了削弱,表现为政治组织机构受到了削弱,旅没有建立政治机关,取消了政治委员制度,不但政治保障受了损失,就是军事与政治配合也很差。党的工作也受到了一定的削弱,平型关、广阳战斗后,伤亡增多,原来党员占60%,大批新战士补充后,部队党员只占18%左右。他还讲到抗战开始之后政治工作面临的一些新情况:"现在班的干部已不是土地革命时期的干部,连排干部也在变动中。现在有很多女人诱惑我们的军队。我们的干部被政治蛊惑的较少,而被女人金钱欺骗的较多,贪污腐化的现象也在增长,尤其是一些事务工作人员。"

罗荣桓说,部队到晋西后,利用一些时间,集中大部分力量,在部队中进行了一些党的工作,有了一些收获,如开展了反军阀土匪主义的斗争,揭发了一些领导干部政治上的麻痹,开展

---

[1] 中共中央文献研究室:《朱德年谱(1886—1976)》(新编本)中卷,中央文献出版社2006年版,第832—833页。

了军队中的民主工作。经过这些努力，党员现在已恢复到30%了，质量也有提高，特别在守纪律上起了一些作用。此外，罗荣桓还讲到了部队的政治教育、干部、对地方的群众工作、对日军和伪军工作等问题。[1]

10月8日，中共中央北方局副书记杨尚昆作关于晋西南工作的报告。杨尚昆说，在晋西南地区建立抗日根据地，不仅在支持山西以及华北抗战上有大的意义，就是在保卫陕北地区上说，也是十分重要，而且以各方面的条件看来，完全是可能的，但必须严重注意到阎锡山对这一地区的控制及其直接的干预。因此，必须切实地、小心地把握以阎锡山为对象的统一战线的方针，去进行各方面工作，一切求得深入、踏实，不要铺张、夸耀，故意虚张声势。

报告说，对阎锡山应有一个明确的认识：（一）阎不仅在山西，就是在华北都是一个力量，他虽有自己的基本主张，但他今天对抗日是坚决的，而且在某种限制之下，也还做些民众动员的工作。抗日不仅为国为民，就是为了他自己，他也非走这条道路不可。（二）日寇正在运用各种手段来争取阎，估计阎要当汉奸在今天不可能，必须把握这一点才能争取他，但阎可能存在求得日寇不打他的幻想。（三）阎锡山对八路军共产党的防范是很自然的，我党我军在华北力量的发展，确实使他害怕。但同时阎懂得八路军在华北起的作用，如果他要抗日，非与八路军共产党合作不可。（四）阎锡山今天主要依靠新的力量，但他不拒绝旧力量的运用和开展，新旧力量谁也不能根本解决谁，我们的方针是

---

[1]《罗荣桓军事文选》，解放军出版社1997年版，第20—22页。

帮助他们团结，但如果旧派攻击新派或攻击我们太急，应给予有准备、有步骤、有力量的回答以至反击。

报告还就中共在晋西南地区开展工作的情况，对华北地区党的建设如何开展，提出了自己的看法，并介绍和分析了晋西南地区的群众工作、开展友军工作、开展伪军和维持会工作等情况。[1]

10月12日起，全会进行第二阶段，由毛泽东与张闻天作政治报告和组织报告。

10月12日至14日，毛泽东代表中共中央政治局作《论新阶段——抗日民族战争与抗日民族统一战线发展的新阶段》的政治报告。报告共分为八个部分：（一）五中全会到六中全会；（二）抗战十五个月的总结；（三）抗日民族战争与抗日民族统一战线发展的新阶段；（四）全民族的当前紧急任务；（五）长期战争与长期合作；（六）中国反侵略战争与世界反法西斯运动；（七）中国共产党在民族战争中的地位；（八）党的七次全国代表大会。

报告回顾了六届五中全会到六中全会的简要历史，特别是着重回顾了抗日民族统一战线的形成过程，指出：1937年7月7日卢沟桥事变发生之后，"全中国形成了一个空前的抗日大团结，形成了伟大的抗日民族统一战线"。"这种由两党十年战争转到两党重新合作，并在极端困难的条件下执行了这个转变，奠定了两党长期合作的基础，是经历了许多艰难曲折才完成的。"[2]

---

[1] 中共中央党史研究室：《杨尚昆年谱》上卷，中共党史出版社2007年版，第325—327页。
[2] 中央档案馆：《中共中央文件选集》第11册，中共中央党校出版社1991年版，第560页。

报告总结了抗战十五个月的经验，并将之归纳为三个方面：第一，证明了抗日战争是长期的不是短期的，因而抗战的战略方针是持久战而不是速决战。第二，证明了中国的抗战能够取得最后胜利，悲观论者之没有根据。第三，证明了支持长期战争与取得最后胜利之唯一正确的道路，在于统一团结全民族，力求进步与依靠民众，借以克服困难，争取胜利，而不是其他。围绕这三点，毛泽东作了具体的展开。

毛泽东在报告中花了很大的篇幅，对抗日民族战争与抗日民族统一战线发展的新阶段作了论述，认为中日战争是长期的，将经过防御、相持、反攻三个阶段，并强调相持阶段是战争的枢纽，预计这一阶段的基本情况一方面将是更加困难。更加困难将表现在这些方面：由于主要大城市与交通线的丧失，国家政权与作战阵地在地域上将被敌分割；财政经济将异常困难；英日两国间某种程度的妥协倾向；中国主要的海道交通有被割断之虞，国际援助暂时被削弱；全国伪政权有形成的可能及其对于抗日阵线的影响；抗日阵线中部分叛变的可能，妥协空气增长；悲观情绪增长，意见分歧现象增加等。另一方面将是更加进步。更加进步将表现在下述各方面：（一）蒋委员长与国民党的坚持抗战方针及其在政治上的更加进步；（二）国共关系的改善，抗日民族统一战线的巩固与扩大；（三）军队改造工作的进步；（四）游击战争的发展与坚持；（五）国家民主化的进步；（六）民众运动的更大发展；（七）新的战时财政经济政策的实施；（八）抗战文化教育的提高；（九）苏联援助的继续与可能增加及中苏关系的更加亲密等等。[1]

  报告强调，抗日战争发展的新阶段同时即是抗日民族统一战线发展的新阶段。报告对国民党在抗战十五个月来所起的进步作了较高的评价，认为其"进步也是显著的"，具体表现在召集了临时全国代表大会，发布了抗战建国纲领，召集了国民参政会，开始组织了三民主义青年团，承认了各党各派合法存在与共同抗日建国，实行了某种程度的民主权利，军事上与政治机构上的某些改革，外交政策的适合抗日要求等。毛泽东说："只要在坚持抗战与坚持统一战线的大前提之下，可以预断，国民党的前途是光明的。"[2]报告同时强调，国民党的前途上尚有障碍物，经努力克服才能发展，因为国民党中还存着一些守旧分子，障碍着国民党进步的速度与程度。由于这些分子的存在，并与社会上许多守旧分子相结合，就在民族革命战争中造成了一种逆流，顽固地抵抗进步之舟。

  毛泽东在报告中将抗日民族统一战线的特点概括为八个方面，即全民族抗日的，长期性的，不平衡的，有军队的，有十五年经验的，大多数民众尚无组织的，三民主义的，处于新的国际环境中的，并对这些特点作了具体的分析。

  报告指出，全民族的当前紧急任务是"坚持抗战，坚持持久战，巩固与扩大统一战线，以便克服困难，停止敌之进攻，准备

---

[1] 中央档案馆：《中共中央文件选集》第11册，中共中央党校出版社1991年版，第584页。

[2] 中央档案馆：《中共中央文件选集》第11册，中共中央党校出版社1991年版，第595—596页。

力量，实行我之反攻，达到最后驱逐敌人之目的"[1]。在此总任务之下，报告提出了十五项具体任务：

（一）高度地发扬民族自尊心与自信心，坚决抗战到底，克服悲观失望情绪，反对妥协企图。（二）拥护蒋委员长，拥护国民政府，拥护国共合作，反对分歧与分裂，反对任何的汉奸政府。（三）提高主力军的战斗力，保卫华中华南与西北，停止敌之进攻。（四）广大发展敌后方的游击战争，建立和巩固更多的抗日根据地，缩小敌之占领地并配合主力军作战。（五）提高军事技术，创立机械化兵团，准备反攻实力。（六）实行集中领导下的民主政治，密切政府与人民的联系，发挥抗日政权的最大能力。（七）扩大统一的民众运动，全力援助战争。（八）改良民众生活，激发民众的抗战热忱与生产热忱。（九）实行新的战时财政经济政策，渡过战争难关。（十）实行抗战教育政策，使教育为长期战争服务。（十一）力争国外援助，集中反对日本帝国主义。（十二）建立中国与日本兵民及朝鲜、台湾等被压迫民族的反侵略统一战线，共同反对日本帝国主义。（十三）团结中华各民族，一致对日。（十四）厉行锄奸运动，巩固前线与后方。（十五）发展国共两党及各抗日党派，强固统一战线，支持长期抗战。

报告提出，要在提高主力军的战斗力的同时，广大地发展敌后游击战争，应创立和巩固我之根据地，缩小敌之占领地，配合主力军作战。毛泽东指出："半殖民地中国抗日民族战争的重要

---

[1] 中央档案馆：《中共中央文件选集》第11册，中共中央党校出版社1991年版，第604—605页。

特点之一，在于游击战争的广大性与长期性。没有这种游击战争，便不能牵制大量敌军，有力地配合正面主力军之作战，而停止敌之进攻；便不能使敌人占领地限制于一定地带，使之无法全部占领；便不能在敌人后方建立多数的抗日堡垒，坚持游击战争，并准备将来配合主力军之战略反攻。"因此，"必须广大地发展一切敌人后方地带的游击战争，并创立多数的游击战争根据地，巩固已经建立起来的根据地"[1]。

毛泽东认为，中国的抗战是长期的，这就决定了国共合作的长期性，不但在抗战中要合作，抗战胜利后仍然要合作。为了保证长期合作，需要解决合作的组织形式问题。报告认为，抗日民族统一可能有三种组织形式：

第一种形式，国民党本身变为民族联盟，各党派加入国民党而又保存其独立性。这是抗日民族统一战线最好的一种统一组织形式。如果建立这种合作形式，中共可以实行同第一次国共合作不相同的办法：第一，所有加入国民党的共产党员都是公开的，将加入党员之名单提交国民党的领导机关。第二，不招收任何国民党员加入共产党，有要求加入的，劝他们顾全大局，不要加入。第三，如果青年党员得到国民党同意，加入三民主义青年团的话，也是一样，不组秘密党团，不收非共产党员入党。

第二种形式，"就是各党共同组织民族联盟，拥戴蒋介石先生作这个联盟的最高领袖"，各党以平等形式互派代表组织中央以至地方的各级共同委员会，为着执行共同纲领处理共同事务

---

[1] 中央档案馆：《中共中央文件选集》第11册，中共中央党校出版社1991年版，第609页。

而努力。报告认为,"这也是一种很好的形式,我们也是赞成的"[1]。

第三种形式,就是现在的办法,没有成文,不要固定,遇事协商,解决两党有关之问题,但这种形式太不密切,许多问题不能恰当地及时地得到解决。例如许多大政方针之推行,下级摩擦问题之调整,都因没有一种固定组织,让它延缓下去,所以这种办法对于长期合作是不利的。然而如果第一、二种办法不行,这种办法暂时也只得维持。

关于中国共产党在民族战争中的地位问题,报告强调,共产党员在民族战争中应发挥先锋与模范作用。"在八路军与新四军,应该成为英勇作战的模范,执行命令的模范,纪律的模范,政治工作的模范与内部团结统一的模范。共产党员在与友党友军发生关系中,应该坚持统一团结的立场,坚持统一战线的纲领,成为实行抗战任务的模范。应该言必信,行必果,不要傲慢态度,诚心诚意地同友党友军商量问题,协同工作,成为统一战线中各党相互关系的模范。共产党员在政府工作中,应该是十分廉洁,不用私人,多做工作,少取报酬的模范。""共产党员应是实事求是的模范,又是具有远见卓识的模范。因为只有实事求是,才能完成确定的任务;只有远见卓识,才能不失前进的方向。因此,共产党员又应成为学习的模范,他们每天都是民众的教师,但又每天都是民众的学生,只有向民众学习,向环境学习,向友党友军学习,了解了他们,才能对于工作实事求是,对于前

---

[1] 中央档案馆:《中共中央文件选集》第11册,中共中央党校出版社1991年版,第629页。

途有远见卓识。"[1]

关于发展党的组织问题,报告认为:"为了克服困难战胜敌人,共产党必须扩大其组织,向着真诚革命,而又信仰党的主义,拥护党的政策,并愿意服从纪律,努力工作的广大工人农民与青年积极分子开门,使党变为伟大的带群众性的党。在这里,关门主义倾向是不能容许的。但同时,对于奸细混入的警觉性也决不可少。""'大胆发展而又不让一个坏分子侵入',这就是我们发展党的总方针。"[2]

关于统一战线与坚持党的独立性的关系,报告认为,坚持抗日民族统一战线才能胜敌,并须是长期的坚持,这是确定了的方针。但同时,必须保持加入统一战线中的任何党派在思想上政治上与组织上的独立性。就是容许联合统一,同时又容许其独立共存。统一战线中,独立性不能超过统一性,而是服从统一性,不这样做,就不算坚持统一战线,就要破坏团结对敌的总方针。但同时,决不能抹杀这种相对的独立性,无论思想上也好,政治上也好,组织上也好,各党必须有相对的自由权。如果被人抹杀或自己抛弃这种相对的独立性或自由权,也同样将破坏团结对敌,破坏统一战线。

关于党的纪律问题,毛泽东指出,有几个基本原则是不容忽视的,这就是:(一)个人服从组织;(二)少数服从多数;(三)下级服从上级;(四)全党服从中央。这些就是党的民主集中制

---

[1] 中央档案馆:《中共中央文件选集》第11册,中共中央党校出版社1991年版,第643—644页。

[2] 中央档案馆:《中共中央文件选集》第11册,中共中央党校出版社1991年版,第645页。

的具体实施，谁破坏了它们，谁就破坏了党的民主集中制，谁就给了党的统一团结与党的革命斗争以极大损害。为此原故，党的各级领导机关，应该根据上述那些基本原则，给全党尤其是新党员以必要的纪律教育。这是在中国共产党历史上，第一次完整地提出"四个服从"。毛泽东讲到这个问题的时候，虽然是拿出张国焘作为靶子加以批判，恐怕在一定意义也是针对王明在长江局的一些作为的。

为了使全党切实担当起自己的历史重任，毛泽东在报告中特地讲到了学习的重要，提出必须学习马克思主义的理论、研究民族的历史及当前运动的情况与趋势。在这里，毛泽东提出了马克思主义中国化的重要命题。他说："今天的中国是历史的中国之一发展，我们是马克思主义的历史主义者，我们不应该割断历史。从孔夫子到孙中山，我们应该给以总结，我们要承继这一份珍贵的遗产。承继遗产，转过来就变为方法，对于指导当前的伟大运动，是有着重要的帮助的。共产党员是国际主义的马克思主义者，但马克思主义必须通过民族形式才能实现。没有抽象的马克思主义，只有具体的马克思主义。所谓具体的马克思主义，就是通过民族形式的马克思主义，就是把马克思主义应用到中国具体环境的具体斗争中去，而不是抽象地应用它。成为伟大中华民族之一部分而与这个民族血肉相联的共产党员，离开中国特点来谈马克思主义，只是抽象的空洞的马克思主义。因此，马克思主义的中国化，使之在其每一表现中带着中国的特性，即是说，按照中国的特点去应用它，成为全党亟待了解并亟须解决的问题。"[1]

关于党的团结问题,报告指出:"遵义会议与克服张国焘错误之后,我们的党是第六次全国代表大会以来最团结最统一的时期了。现在我们党内,无论在政治路线上,战略方针上,时局估计与任务提出上,中央委员会与全党,意见都是一致的。这种政治原则的一致,是团结的基本条件。"[2]

三、张闻天的组织报告与王明等人的发言

10月15日,张闻天作关于抗日民族统一战线与党的组织问题的报告。报告一开头,张闻天就提出了组织工作中国化的问题。他说:"在组织工作中必须熟习马列主义的基本原则。但必须严格地估计到中国民族的、政治的、文化的、思想习惯的各种特点,来决定组织工作的特点,来使组织工作中国化。"[3]在后面谈到宣传教育工作时,张闻天又说:宣传马列主义,提高全国的理论水平。特别要注意于以马列主义的革命精神与革命方法,去教育共产党员与革命青年。并以此去研究中国革命的实际问题,研究中国历史与中国文化的各方面。要认真地使马列主义中国

---

[1] 中央档案馆:《中共中央文件选集》第11册,中共中央党校出版社1991年版,第658—659页。

[2] 中央档案馆:《中共中央文件选集》第11册,中共中央党校出版社1991年版,第660页。

[3] 中央档案馆:《中共中央文件选集》第11册,中共中央党校出版社1991年版,第663页。

化，使它为中国最广大的人民所接受。[1]

组织报告总结了抗日民族统一战线的特点，认为它既与法国的、西班牙的统一战线不同，同中国大革命时代的统一战线也不同。由于过去的长期的斗争，在两党间造成了很深的成见与鸿沟；共产党方面怕国民党"反水"；国民党方面怕共产党"争夺领导权"；相互间存在的互相防范与警戒；特别是国民党的"联共"与"防共"政策的矛盾性。而在共产党手里，也有武装与政权。"这些均是磨擦的来源"[2]。不但如此，在统一战线内部两党合作又是不平等的。共产党方面承认三民主义与国民党的统治地位，及拥蒋的合作。所谓"合法权"是在国民党的手里，它是大党。共产党是比较小的党。共产党的武装力量，也比它小。共产党领导的边区也比它统治的地区小。力量上的不平等，也就产生了合作形式上的不平等。于是"形式上我们拥护它，服从它。这是国民党方面的高慢主义、阿Q主义的来源"[3]。

由于抗日民族统一战线的这种特点，由此，张闻天认为，必须善于把握总路线，克服一切障碍，坚持抗战，坚持统一战线，坚持国共长期合作的方针。为此，在言论行动上，总是把抗日反汉奸放在第一位，表示出要求团结统一及对于国家民族的忠诚。其他如民主民生，均应放在比较次要地位。不为一时的不满、摩

---

[1] 中央档案馆：《中共中央文件选集》第11册，中共中央党校出版社1991年版，第709页。

[2] 中央档案馆：《中共中央文件选集》第11册，中共中央党校出版社1991年版，第667页。

[3] 中央档案馆：《中共中央文件选集》第11册，中共中央党校出版社1991年版，第668页。

擦、逆流，而丧失自己的基本方向。从大处着眼，不讨小便宜，不急于成就，不为挑拨者所利用。这要求全党同志的持久性、忍耐性，不要急性病，不要冲动，而有高度的政治觉悟。

张闻天又说，在统一战线中，必须善于承认不平等，使不平等成为平等。首先应承认事实上的不平等，去推动国民党的进步，发展统一战线。尊重国民党中央的抗战国策，服从他们的抗战法令，用自上而下推动、协商、联络、影响、说服、批评等方法，使国民党党、政、军走向进步。其次，承认事实上的不平等，去壮大自己。不要太急于在形式上求得平等（如"共同宣言""共同领导"等），而要善于在现在不平等的形式下，壮大自己，运用自己已经取得的合法权，在公开合法的组织中工作，去帮助国民党，服从国民党的形式下进行工作，以组织自己的力量（党、政、军、民方面）。这要求全党同志埋头苦干，在力量上去壮大自己，使力量上的不平等也成为平等。[1]

张闻天指出，要善于运用不平衡，使不平衡走向平衡，要用一切办法去帮助和影响国民党，同时善于同顽固分子、动摇分子、妥协分子进行斗争；要"避免不必要的磨擦，不怕进行必要的磨擦"；要有软有硬，有退让有进攻，软到不丧失自己的立场，硬到不破坏统一。[2] 由此观之，在处理统一战线问题上，张闻天比王明要策略得多，也高明得多。

关于党的组织工作，张闻天指出，统一战线愈扩大与发展，

---

[1] 中央档案馆：《中共中央文件选集》第 11 册，中共中央党校出版社 1991 年版，第 670 页。

[2] 中央档案馆：《中共中央文件选集》第 11 册，中共中央党校出版社 1991 年版，第 671—672 页。

则新的问题、新的任务，愈多、愈复杂，在政治上、组织上巩固党的工作愈为重要。为此，他强调，必须在统一战线中保持党的独立性，反对投降主义的倾向。在抗战中放弃独立性的投降倾向表现在：忽视党在抗战中的作用，忽视党的巩固与发展，及自己力量的壮大。迁就友党，放弃自己立场。某些分子的动摇、腐化、逃跑等例子。党在这方面曾经进行了坚决的斗争，得到了很大成绩，但危险仍然存在，党必须在这方面继续努力。同时党必须同空喊"党的独立性""党的原则立场"，而不会认真地、切实地进行统一战线的艰苦工作的关门主义做斗争。[1]

10月19日至29日，会议进入发言阶段，在会上发言的先后有：林伯渠、朱德、吴玉章、王明、朱理治、贾拓夫、曾山、涂振农、彭德怀、张文彬、郭述申、潘汉年、谢觉哉、宋一平、李昌、谭余保、高文华、孟庆树、罗迈、李富春、冯文彬、杜里卿、张浩、彭真、刘少奇、萧克、高自立等。

10月20日，王明在会上作了《共产党员参政员在国民参政会中的工作报告》，还于同天按临时要求作了《目前抗战形势与如何坚持持久战争取最后胜利》的发言。据王明自己讲，他已将共产党员参政员在国民参政会中的工作作了报告，同时行期又很紧迫，本来不预备再作发言，"但是因为有些同志要我对某部分问题发表点意见"，故而作这样一个发言。王明一开头就说："毛泽东同志在其政治报告中，将我们党自五中全会至六中全会的工作，作了一个基本的总结，对中华民族十六个月的英勇抗战，和

---

[1] 中央档案馆：《中共中央文件选集》第11册，中共中央党校出版社1991年版，第699—700页。

目前抗战形势的特点，做了一个详尽的分析，对中华民族和中国共产党的当前的紧急任务，提出了正确的方案，所有这一切，我都是同意的。"[1]

王明的发言共分为五个部分：（一）日本法西斯军阀是中华民族的死敌，是全世界先进人类的公敌；（二）中华民族处在空前灾难的时期，同时也正处在无尚光荣的时代；（三）目前的抗战形势正处在严重困难的阶段；（四）克服困难、渡过难关、坚持抗战和争取最后胜利的几个问题；（五）实行抗日民族统一战线的中国共产党。

发言强调，我国抗战目前的根本困难，在于敌力增强，我力不足，克服困难的中心问题是增加力量，继续坚持抗战到底，是增加力量克服困难的基本条件，而继续巩固和扩大抗日民族统一战线，是增加力量、克服困难和进行持久战争取得最后胜利的基本保证，即是说要继续巩固和扩大全中华民族的团结。那么，如何巩固和扩大这种团结？王明提出：首先，要使参加抗战而有利害冲突的各阶级加紧团结。中国的劳动阶级在其先锋队共产党的领导和影响之下，已经成为民族团结抗战的模范，但有产阶级——地主和资本家们，却对劳动阶级不肯作经济上、政治上的让步，有些人甚至趁国难而发"国难财"，还有人逮捕屠杀参加抗战工作的农民和劳动青年，为此，"我们甚望贤明的中央和地方当局，对各地有产阶级分子，采取说服和立法的办法，使他们改正对于劳苦大众的态度，使他们对劳动群众作必要的政治上和经

---

[1]《王明言论选辑》，人民出版社1982年版，第594页。

济上的让步，以提高劳动者法权地位和改善劳动者痛苦生活"。[1]

其次，是要使参加抗战的各党派尤其是国共两党能更加亲密团结。对于这个问题，王明说，毛泽东在其报告中，不但指出了国共两党长期合作的必要与可能的各种条件，而且代表中共提出了减少两党摩擦和奠定两党长期合作的具体办法，这办法值得党内外严重注意。为此，王明一口气强调了七个必须"严重注意"的办法，即："再一次确切声明，三民主义为国共两党合作的政治基础"；"诚心诚意拥护蒋委员长，承认蒋委员长是中华民族抗战建国的领袖"；"再一次声明我们现在不参加国民政府"；"宣布共产党不在国民党军队中组织党的支部"；"明白地宣布共产党不在国民党员中征收共产党"；"再一次向国民党提出建立国共两党合作的进一步的经常形式的问题"；"再一次说明国共合作的正确关系"。

发言还讲到不能将国民党"某部分人看成法西斯蒂派"的问题。王明说："中国半殖民地地位和历史条件，没有组成象德意那一类的法西斯蒂党派的可能；同时，中国人民遭受日本法西斯侵略和德意法西斯恶魔敌视的今日，更没有形成效法德、意、日的法西斯组织的条件，因此我们再三地公开地说明，不能将中国某部分人看成法西斯蒂派。"发言同时又认为，中国虽然没有明目张胆的法西斯组织，但确有一部分人相当地受了法西斯思想的渲染，自觉或不自觉地自命为法西斯蒂的学徒。对于这样一些人，"我们诚恳地希望和忠告他们"，"应该毅然抛弃那些反民族解放和反社会进化的反动的法西斯思想，诚诚恳恳地做三民主义

---

[1]《王明言论选辑》，人民出版社1982年版，第613页。

的忠实信徒"[1]。

对于怎样才能正确地实行抗日民族统一战线政策，王明说：毛洛均指出，我们要做模范，即是：一方面我们要以"抗战高于一切，一切服从抗日"，"一切为着抗日民族统一战线，一切经过抗日民族统一战线"，"一切服从抗战利益，一切为着抗战胜利"为原则，对友党、友军采取大公无私，仁至义尽，言行如一，表里一致，互相帮助，互相尊重，互相友爱，共同工作，共同发展，同生死、共患难，祸福与共，相依为命的工作方法和方式。王明同时也认为，抗日民族统一战线一方面有广大力量和长期存在的发展前途，"另一方面也包括有内部的严重斗争，而且只有在适当的斗争中才能巩固才能发展"[2]。

王明也讲到马列主义中国化的问题，他说："马列主义理论民族化，即是将马列主义具体应用于中国，是完全对的。的确，只有使马列主义深广的中国化，成为中国人民血肉之新的东西，成为中国历史发展和社会进化的必然产物，成为继承中国文化的优秀传统（从孔子到孙中山），才能够家喻户晓和深入人心。季米特洛夫在国际七次大会上对此问题指示的重要，毛、洛报告提出的全对。"同时，王明又提出，在马克思主义中国化问题上，必须注意如下各点：（一）首先须学习马列主义，只有学习马列主义理论，然后才能运用和民族化，因此，加紧学习马、恩、列、斯学说；（二）不能庸俗化和牵强附会；（三）不能以孔子的折中和烦琐哲学代替唯物辩证法；（四）不能以中国旧文化学说来曲

---

[1]《王明言论选辑》，人民出版社 1982 年版，第 623—624 页。
[2]《王明言论选辑》，人民出版社 1982 年版，第 629—630 页。

解马列主义，而要以马列主义来了解和开发中国文化；（五）不能在"民族化"的误解之下忽视国际经验的研究和运用。[1]

发言的最后，王明说，中国共产党的发展和团结统一，是抗战胜利的最基本条件，中国党现在的力量还不够，现有的各种人才和干部还不够用，须使党的各种力量发展。他还说："全党必须团结统一，我们党一定能统一团结在中央和毛同志的周围（领袖作用，譬如北辰而众星拱之）。"[2]

10月28日、29日，刘少奇作华北党三年来工作的基本总结的报告。"报告回顾了三年来华北党提出的基本方针和华北工作发展变化的历史过程，分析了目前华北形势的基本特点，提出今后总的方针是巩固华北，巩固与发展华北党，巩固与发展统一战线，准备在长期困难条件下坚持游击战争，准备成为反攻的前进阵地并准备反攻的力量。报告还论述了巩固与扩大党领导下的抗日武装队伍，建立巩固的抗日政权，加强与各党派及社会各阶级的合作，大规模开展民众运动，建设强大的布尔什维克党等问题。"[3]

10月31日，陈云在大会上作关于青年工作的报告，对抗战初期党的青年工作进行初步总结。陈云指出：中央取消中国共产主义青年团的政策"是正确的，取得了成绩"。以后在青年运动中应该"采取各种各样的方式去组织青年"，不一定采取中华民族解放先锋队这一个办法。要争取"把三民主义青年团变为全国

---

[1]《王明言论选辑》，人民出版社1982年版，第637—638页。
[2]《王明言论选辑》，人民出版社1982年版，第639页。
[3]中共中央文献研究室：《刘少奇年谱（1898—1969）》上卷，中央文献出版社1996年版，第241页。

青年合作的机关",但"在实现以前,还需要参加其他青年组织,使它走向统一"。"战区青年运动要来一个大转变",即是城市的青年工作转变为农村的青年工作。在云贵川桂大后方,要"用公开合法的方式去进行学生工作,但不能大干,要掩蔽一些",如通过基督教青年会等去做,使青年慢慢地转到农村中去。中共所领导的青年,统一的组织形式是建立联络的形式,"最好组织一个联合办事处",作用是总结和交换青年工作的经验,还有组织上的联系。[1]

陈云在报告中还谈到自己对此次六中全会的意见。他说:"我对稼祥、泽东、洛甫的报告都同意,对我的报告也同意。国际指示对我们以后的工作有大帮助。"陈云在报告中用带玩笑的口吻说同意自己的报告,说明当时会议的气氛并不紧张。陈云认为,"这一时期党取得的成绩不小。成绩是哪里来的?来自国际帮助、中央努力、干部努力,最主要是中央领导的正确。""这四年来,我们没有犯较大的错误,就是由于中央有政治远见,故能尽到把舵的作用,也不会被某些现象所蒙蔽,能看到现实的本质。同时,不停留在事件本身,能看到它运动的将来。有了远见,才能对事件的认识更加尖锐。远见就是马列主义。"陈云强调:党内团结,应该是"思想上的团结",同时"要在领导机关中互相尊重,不但口头上而且要在事实上尊重。大家要虚心一些"[2]。

在六届六中全会上,八路军第一二〇师政治委员关向应,八

---

[1]《陈云文集》第一卷,中央文献出版社2005年版,第83—87页。
[2]《陈云文集》第一卷,中央文献出版社2005年版,第89页。

路军第一二九师政治委员邓小平,中共中央晋察冀分局书记彭真亦报告了各自负责的工作,中共中央书记处书记康生作了关于七大准备工作的报告,中共中央职工运动委员会负责人张浩(1939年春任副书记)作关于抗战中职工运动的任务的发言。因要出席国民参政会第一届第二次会议,王明未等六中全会闭幕,便于10月与博古、林伯渠、吴玉章经西安飞往重庆。

11月5日,全会通过《致斯大林、季米特洛夫电》《致蒋委员长电》《致东北义勇军及全体同胞电》《致八路军新四军电》《致日本共产党电》《致西班牙共产党电》《致各国共产党电》。

《致蒋委员长电》说:"先生于国家危急之际,坚决领导全国军民进行持久抗战,并获得了全民族的团结统一,给日寇以巨大打击,奠定了最终战胜敌人复兴民族之基础。""中共中央一本过去主张,愿以至诚拥护我民族领袖,拥护三民主义;并在三民主义和抗战建国纲领的政治基础上,责成全体共产党员,本互助互让、同生死、共患难之精神和互敬互商之工作办法,亲密两党间的关系,巩固两党的长期合作,团结全民族,以争取抗战最后胜利和三民主义的民主共和国之实现。"[1]

在中共六届六中全会的相关文献中,不论是毛泽东致蒋介石的信、《论新阶段》的政治报告,还是全会通过的《致蒋委员长电》,都对蒋介石给予相当高的评价。之所以如此,一方面,抗战爆发以来蒋介石抗战比较积极,中共此举自然含有鼓励、激励蒋介石继续坚持抗日之意;另一方面,很大程度上与共产国际要求中共"诚意拥蒋"不无关系。

---

[1]《致蒋委员长电》,《解放》第57期。

四、正确处理民族斗争和阶级斗争的关系

11月5日、6日,毛泽东作结论报告。结论共讲了五个问题。第一,六中全会的成功。毛泽东说:这次会议总结了抗日战争与抗日民族统一战线的全部经验,科学地分析和估计了抗日战争的形势,规定了党的方针和任务。这次会议是一个很好的会议,是党的历史上少有的,讨论的问题多,经验丰富,态度认真。我们党奋斗了十七年,空前地进步了,党已经能够更灵活地运用马克思列宁主义于中国革命的具体实践。

第二,广州、武汉失守后的形势。毛泽东说:在敌强我弱形势没有发生决定性变化的条件下,广州、武汉的放弃是正确的。这种战略退却虽一时表现了有利于敌不利于我,但从整个形势看表现了有利于我不利于敌,我们保存了实力,敌人的兵力更分散了。日军占领上海等地时是一鼓作气,占领武汉后它的力量就再而衰,其战略进攻接近了顶点,这是相持局面快要到来的象征。在相持阶段中,我方作战形式以游击战为主,运动战为辅。敌后游击战争应分为两大区域,在已经大大发展了游击战争的区域,应大力加以巩固;在没有充分发展或正在发展游击战争的区域,应迅速地广大地发展游击战争。所以,应当巩固华北,发展华中和华南。[1]

第三,民族统一战线的长期性。毛泽东说:为了长期合作,统一战线中的各党派实行互助互让是必需的,但应该是积极的,

---

[1] 中共中央文献研究室:《毛泽东年谱(1893—1949)》中卷,中央文献出版社2013年版,第96—97页。

不是消极的。我们必须巩固和扩大我党我军，同时也应赞助友党友军的巩固和扩大；人民要求政府满足自己的政治经济要求，同时给政府以一切可能的利于抗日的援助；工人要求厂主改良待遇，同时积极做工以利抗日；地主应该减租减息，同时农民应该交租交息，团结对外。这些都是互助的原则和方针，是积极的方针，不是消极的片面的方针。互让也是如此。彼此不挖墙脚，彼此不在对方党政军内组织秘密支部；在我们方面，就是不在国民党及其政府、军队内组织秘密支部，使国民党安心，利于抗日。

关于民族斗争和阶级斗争的关系问题，毛泽东说：用长期合作支持长期战争，就是说使阶级斗争服从于今天抗日的民族斗争，这是统一战线的根本原则。在此原则下，保存党派和阶级的独立性，保存统一战线中的独立自主；不是因合作和统一而牺牲党派和阶级的必要权利，而是相反，坚持党派和阶级的一定限度的权利；这才有利于合作，也才有所谓合作。否则就是将合作变成了混一，必然牺牲统一战线。在民族斗争中，阶级斗争是以民族斗争的形式出现的，这种形式，表现了两者的一致性。一方面，阶级的政治经济要求在一定的历史时期内以不破裂合作为条件；另一方面，一切阶级斗争的要求都应以民族斗争的需要（为着抗日）为出发点。这样便把统一战线中的统一性和独立性、民族斗争和阶级斗争，一致起来了。

在这里，毛泽东第一次对"一切经过统一战线"的提法提出了批评，认为它"是不对的"。他说："国民党是当权的党，它至今不许有统一战线的组织形式。刘少奇同志说的很对，如果所谓'一切经过'就是经过蒋介石和阎锡山，那只是片面的服从，无所谓'经过统一战线'。"[1]

毛泽东还提出了处理统一战线与独立自主原则的几种办法,一是在敌后根据国民党已经许可的东西独立自主地去做,或者估计国民党可能许可的,先斩后奏。他解释说,由于国民党剥夺各党派的平等权利,企图指挥各党听它一党的命令,如果是要求国民党"一切"都要"经过"中共同意是做不到的,如果想把中共所要做的"一切"均事先取得国民党同意,那么,它不同意怎么办?国民党的方针是限制中共发展,中共提出这个口号,只是自己把自己的手脚束缚起来,是完全不应该的。二是有些应该先得国民党同意,例如将三个师的番号扩编为三个军的番号,这叫作先奏后斩。三是有些则造成既成事实再告诉它,例如发展二十余万军队,这叫作先斩后奏。四是有些则暂时斩而不奏,估计它现时不会同意,例如召集边区议会之类。五是有些则暂时不斩不奏,例如那些如果做了就要妨碍大局的事情。总之,一定不要破裂统一战线,但又决不可自己束缚自己的手脚,因此不应提出"一切经过统一战线"的口号。

第四,战争与战略问题。毛泽东指出:中国不是一个独立的民主的国家,而是一个半殖民地的半封建的国家;在内部没有民主制度,而受封建制度压迫;在外部没有民族独立,而受帝国主义压迫。因此,无议会可以利用,无组织工人举行罢工的合法权利。在这里,共产党的任务,基本地不是经过长期合法斗争以进入起义和战争,也不是先占城市后取乡村,而是走相反的道路。在中国,主要的斗争形式是战争,而主要的组织形式是军队。其

---

[1]《毛泽东选集》第二卷,人民出版社1991年版,第537—539页。

他一切,例如民众的组织和民众的斗争等,都是非常重要的,都是一定不可少,一定不可忽视,但都是为着战争的。在中国,离开了武装斗争,就没有无产阶级和共产党的地位,就不能完成任何的革命任务。

毛泽东在分析中国共产党和中国共产党的战争历史,论述了国内战争和民族战争中党的军事战略的转变问题之后,集中讲到了抗日游击战争的战略地位问题。他说,在抗日战争的全体上说来,正规战争是主要的,游击战争是辅助的,因为抗日战争的最后命运,只有正规战争才能解决,但游击战争是在全战争中占着一个重要的战略地位的。没有游击战争,忽视游击队和游击军的建设,忽视游击战的研究和指导,也将不能战胜日本。原因是进入战略相持阶段后,大半个中国将变为敌人的后方,如果没有最广大的和最坚持的游击战争,而使敌人安稳坐占,毫无后顾之忧,则我正面主力损伤必大,敌之进攻必更猖狂,相持局面难以出现,继续抗战可能动摇,即若不然,则我反攻力量准备不足,反攻之时没有呼应,敌之消耗可能取得补偿等不利情况,也都要发生。假如这些情况出现,而不及时地发展广大的和坚持的游击战争去克服它,要战胜日本也是不可能的。因此,游击战争虽在战争全体上居于辅助地位,但实占据着极其重要的战略地位。抗日而忽视游击战争,无疑是非常错误的。[1]

第五,其他问题。在讲到党内团结问题时,毛泽东说:"团结的要点是政治上的一致。此会上一切主要问题无不是一致的,这就保证了全党的团结。"他还谈到对于王明的看法问题,并且

---

[1]《毛泽东选集》第二卷,人民出版社1991年版,第552—553页。

说:"王明在部分问题中说的有些不足或过多一点,这是在发言中难免的。这些问题已弄清楚了。王明在党的历史上有大功,对统一战线的提出有大的努力,工作甚积极,他是主要的负责同志之一,我们应原谅之。"他讲到了过去干部政策上的错误,提出在历史上作了错误处理的干部"应予平反",没有搞清楚的要搞清楚。[1]

毛泽东在《论新阶段》的政治报告中,并没有对"一切经过统一战线"提出异议,为何在全会作结论时却又对此提出批评,笔者认为并不是因为这时王明已经离开延安,而是很大程度上与蒋介石此间对中共的态度发生变化有关。10月4日,周恩来见蒋,递交毛泽东、王明致蒋信件,说明中共六届六中全会决定,建议四点:(一)停止两党斗争;(二)共产党员可以加入国民党,或令其一部分先行加入,如情形良好再全部加入;(三)中共取消一切青年组织,其全体分子一律加入三民主义青年团;(四)以上参加者,均保留其党籍。[2] 据周恩来14日给中共中央书记处的电报:"谈到武汉失守后将遇到新的困难,他承认;对抗战坚持,他表示无问题;对在敌后求补充发展,他表示赞成;对〈我们〉不在国民党及军队中发展,他很动思;对公开加入国民党,他注意听;对加入青年团,他说可商量;说到特务工作要注意辨别情

---

[1] 中共中央文献研究室:《毛泽东传(1893—1949)》,中央文献出版社1996年版,第519—520页。

[2] 转引自杨天石:《找寻真实的蒋介石——蒋介石日记解读二》,华文出版社2010年版,第38页。又见[日]古屋奎二:《蒋介石秘录》第四卷,湖南人民出版社1988年版,第190页。

报真相，即有误会或错误亦不能行动，他表示同意。"[1]最后，蒋介石要周恩来将有关意见写给他。10月8日，周恩来将书面意见交给蒋介石，蒋见到后，"先召集其干部陈立夫、朱家骅、康泽、贺衷寒、谭平山、黄季陆面谈，告以关于我们不在国民党及其军队中发展、提议公开加入国民党、改变青年团章程三项，要他们研究。言词中对我党尚无坏评，仍反对小党及我们外围"[2]。14日，周恩来再次去见蒋介石，蒋答复周说，关于共产党公开加入国民党及青年团问题，必须由国民党中常委讨论，三青团章程可以改变，共产党可以加入。周问蒋：是否可以立即加入，蒋回答说：可先见青年团诸人谈谈。[3]

1924年至1927年的国共合作，由于当时孙中山一方面赞成国共合作，但另一方面又认为共产党人数少，力量与影响不能与国民党对等，故而不赞成党与党的平等合作，而认为只能采取党内合作的方式，即共产党员和共青团员以个人身份加入国民党，即容共政策，将共产党容纳于国民党之中。由于采取党内合作的方式，难免在合作过程中产生各种纠纷，孙中山在世时，由于他对国共合作的态度坚决，两党合作能得以相安，而孙中山去世之后，随着共产党力量和影响的增大，国民党内的反共分共势力逐渐猖獗，最后导致了国共合作的破裂。因为在国民党右派看来，

---

[1] 中共湖北省委党史资料征集编研委员会等：《抗战初期中共中央长江局》，湖北人民出版社1991年版，第289页。

[2] 中共湖北省委党史资料征集编研委员会等：《抗战初期中共中央长江局》，湖北人民出版社1991年版，第289页。

[3] 中共湖北省委党史资料征集编研委员会等：《抗战初期中共中央长江局》，湖北人民出版社1991年版，第291页。

如果再不采取措施，共产党会更加坐大，必须赶紧对共产党下手，蒋介石就是在这种背景下发动四一二反革命政变的。

现在中共重提共产党参加国民党的问题，蒋介石对此自然十分慎重。虽然出于抗战需要，蒋介石对共产党由"剿共"改为联共，实现了第二次国共合作，但此时蒋对中共仍抱相当的成见。他一方面认为"对共产党应放宽，使其尽其所能也"，"对共党，主张消化而不可排斥""主感召而不主排斥"；另一方面又认为中共"幼稚与枭张"[1]。所以他的联共实为"溶共"，是要"合并融化"共产党，将共产党化入国民党。至于中共提出加入国民党问题，他最担心的是此举不但不能将中共化入国民党，反而共产党利用国民党之躯壳进一步壮大自身力量，如同第一次国共合作那样。他发动四一二政变之时，中共还没有丰富的政治斗争经验，对他突然分共反共未加防范，而且手中也没有多少反击的本钱（没有掌握多少军队），而经过十年内战之后，中共已经积累了相当的政治斗争经验，不可能再像十年前那样任其摆布了。因此，对于中共加入国民党的问题，蒋介石担心的是共产党乘机再次改造国民党，如同孙悟空钻进铁扇公主的肚子一般。他在11月18日的日记中写道："共党教育与经验是由其国际百年来秘密苦痛幽囚中所得之教训而成，故其纪律最严，方法最精，组织最密，任何党派所不及，因之其手段亦最毒，情义与道德扫地无余。"在第二天的日记中又写道："对共党防范之道，除改正本党、重新本

---

[1] 杨天石：《找寻真实的蒋介石——蒋介石日记解读二》，华文出版社2010年版，第34、36页。

党外，尚有他法否？应不使其取得合法地位为目前要点。"[1]

基于对中共的这种成见，蒋介石觉得还是不能让中共加入国民党为好。12月6日，周恩来在桂林再次见蒋，蒋表示不赞成跨党，中共既行三民主义，最好与国民党合并成一个组织，如果这一点可以商谈，在西安召开华北西北将领会议后，就约毛泽东面谈。蒋问周：如果共产党全体加入做不到，可否以一部分中共党员加入国民党而不跨党？周恩来答称：中共实行三民主义，不是因为这是抗战的出路，而是因为这是达到社会主义的必由之路，国民党员则都不如此想，故国共终究是两个党，跨党是为了取得信任，但我们也不强求。如果认为时机未到，可采用他法。要求全体共产党员加入国民党，退出共产党，不可能也做不到。少数人退出共产党而加入国民党，不仅失节、失信仰，而且于国家有害无益。蒋介石听后表示：如果合并之事不可能，就不必约毛泽东到西安面谈。[2]

抗战爆发之后，毛泽东在强调中共必须警惕右倾投降危险的同时，对国民党蒋介石在抗战中的表现还是充分肯定的，并且也曾一度产生过将国民党再次进行改造，使其转变成为民族联盟的设想，即使他在会上所作《论新阶段》的政治报告时，这样的设想仍未放弃。可是，蒋介石对于共产党方面的建议很冷淡，不但不愿给中共以平等地位，而且他始终企图"溶共"，

---

[1] 杨天石：《找寻真实的蒋介石——蒋介石日记解读二》，华文出版社2010年版，第38页。
[2] 中共中央文献研究室：《周恩来年谱（1898—1949）》，中央文献出版社、人民出版社1989年版，第427页；黄修荣：《抗日战争时期国共关系纪事（1931.9—1945.9）》，中共党史出版社1995年版，第343页。

将共产党化入国民党。这使毛泽东意识到由于两党实力的差异，不可能达到改造国民党的目的，统一战线约束不了国民党，如果"一切经过统一战线"等于将自己的手脚捆绑起来，唯有独立自主才能生存与发展，而要发展实力就难免与国民党摩擦，统一战线内部就不可避免地存在斗争，就必须团结与斗争两手并用。一切从实际出发，实事求是，是中国共产党思想路线的精髓，毛泽东是执行这条思想路线的典范。在中国革命的实践中，毛泽东总是善于根据情况变化而调整工作方针，并适时制订相关政策，做到化被动为主动。

五、"党有了群众信仰的领袖"

11月6日，刘少奇作关于党规党法的报告，对提交全会的《关于中央委员会工作规则与纪律的决定》《关于各级党委暂行组织机构的决定》和《关于各级党部工作规则与纪律的决定》作了具体说明。刘少奇说："我们党章是很早规定的，现在许多新的情况发生，所以需要六中作一决定。党章在五次及六次大会时都有新修改。现有新的状况。过去是根据城市组织的，对乡村组织则估计少，现在则大部在乡村中。那时党没有军队和政府，现在党有了军队及政府，此又是大不同。那时党是秘密的，现在党是公开的与半公开的，有群众领袖。那时党是小的，现在则为大党。党是执行民族统一战线的党。要保证党的团结与统一，除政治上思想上之统一外，条文亦应规定法律上非团结不可，以避免个别人破坏党的团结与统一。并以此党规与党法去教育同志。"[1]他还说：这些决定规定了中央委员会、中央政治局、中央书记处及各级党委的工作任务、职责范围和纪律，特别强调每个党员都必须遵守民主集中制的原则。"如无中央及政治局、书记处之委托，中央委员不能代表党发表文件。"各中央委员不得在中央委员会以外对任何人发表与中央委员会的决定相违反的意见，亦不得有任何相违反的行动。中央委员及政治局委员在执行党规党法上应表现为模范。报告建议，这三个决定经全会基本通过，交政治局修改补充后发出，"教育全党同志，为党的建设的一课"[2]。

同一天，全会通过了《中共扩大的六中全会政治决议案》《中共扩大的六中全会关于中央委员会工作规则与纪律的决定》《中共扩大的六中全会关于各级党部工作规则与纪律的决定》《中共扩大的六中全会关于各级党委暂行组织机构的决定》《中共扩大的六中全会关于召集第七次全国代表大会的决议》《中共扩大的六中全会告全国同胞、全体将士和国共两党同志书》。

《中共扩大的六中全会政治决议案》认为，随着抗日战争从第一阶段转到第二阶段，抗战的困难将进一步增加，但同时又必须估计到中国的更加团结、更加进步与日本困难的同时增多。全国人民对日仇恨与同生死共患难的团结，中国还保有广大的完整地区（西北、西南）作为抗战的总后方，而在敌后方则广泛的游击战争与抗日根据地正在强大着，英勇的中国军队积蓄了丰富

---

[1] 金冲及主编：《刘少奇传》上，中央文献出版社1998年版，第339页。
[2] 中共中央文献研究室：《刘少奇年谱》上卷，中央文献出版社2006年版，第241页。

的抗战经验并正在巩固其战斗力,全国政治制度正在逐步的民主化(尤其在敌后方抗日根据地中),广大民众正在发动与组织起来。"这些都是中国将更加团结进步的表现。

《决议案》重申了毛泽东在《论新阶段》的政治报告中提出的全中华民族当前紧急具体的十五项任务(文字上有所出入),强调国共两党合作是抗日民族统一战线的基础,是抗战建国大业完成与胜利的保证,并指出:"为此目的,扩大的六中全会正式决定:不在国民党中及其军队中建立共产党的秘密组织。再一次正式宣言,中国共产党对于拥护三民主义,拥护蒋委员长,拥护国民政〈府〉的诚心诚意。再一次恳切的责成所有的中国共产党党员,以互助互让和同生死共患难的精神,以尊重合作中各政党独立性的立场,以谦和互敬互商的工作态度,去亲近国民党同志和一切抗日党派的同志。"

《决议案》强调,共产党员必须在民族自卫战争和建立三民主义共和国的伟大斗争中,起模范战士的作用。共产党员的岗位,首先应该是在最能打击日寇的地方——前线和敌后方。共产党员应该成为执行抗日民族统一战线的模范战士。根据一切服从抗战利益,一切为着抗战胜利,一切为着抗日民族统一战线,抗日民族统一战线高于一切的原则立场,共产党员对友党友军应该采取精诚团结和互助互让的态度,对执行三民主义及抗战建国纲领应该采取最诚恳最积极的立场。共产党员应该根据民权主义的精神,在政治上组织上尊重各党派的独立性,应该成为尊重国民党和各抗日党派的独立性的模范;同时,应该坚持保证共产党本身在政治上组织上的独立性。

《决议案》指出,目前"左"倾关门主义分子的危险,在于他们不了解在现时条件之下解放中国人民的唯一道路，就是巩固和扩大抗日民族统一战线——尤其是建立国共两党的长期合作；同时，在于他们不认识抗战形势而产生的"左"的急性病。右倾机会主义分子的危险，在于执行抗日民族统一战线政策中，牺牲党的政治上和组织上的独立性，把无产阶级为了反对共同敌人而与其他阶级建立抗日的民族统一战线的政策，曲解成为使无产阶级及其政党成为资产阶级的尾巴；同时，他们在困难面前失望，而发生对抗战形势及前途的悲观主义。

《决议案》要求每个共产党员应该爱护党和党的团结统一有如生命，认真实行党的民主集中制——个人服从组织，少数服从多数，下级服从上级，中央是全党最高的领导，用以严格党的纪律，使党及其各级领导机关达到在政治上和组织上团结得如像一个人一样的程度。并且指出：共产党的团结统一，首先是中央及各级领导机关，尤其是八路军、新四军中党的领导干部，和各中央局及省委的团结和统一，是保证抗日民族统一战线向前巩固和扩大的最基本前提，同时也就是争取中华民族抗战胜利和实现建国大业的最重要条件。[1]

六中全会通过了一系列的有关组织建设的文件，其中《关于中央委员会工作规则与纪律的决定》，很大程度是针对王明在长江局工作期间的所作所为的。文件决定："各中央委员不得在中央委员会以外对任何人发表与中央委员会的决定相违反的意见，亦不得有任何相违反的行动。""各中央委员如果没有中央委员

---

[1] 中央档案馆：《中共中央文件选集》第11册，中共中央党校出版社1991年版，第750、754、755—756、757、758页。

会、中央政治局及中央书记处的委托,不得以中央名义向党内党外发表言论与文件。""各政治局委员除开在政治局内部及向国际控诉外,不得在党内党外对任何人发表任何与政治局决定相违反的意见,并不得有任何与政治局决定相违反的行动。""各政治局委员未得到中央政治局之委任,个人不得用中央政治局名义或全党名义发表对内对外的言论文件。"中央书记处"各书记之重要文章及对外发表之重要谈话或重要的报告大纲等,在可能时须经其他书记多数同意方能公布"。"各中央局中央分局须完全执行中央委员会、中央政治局、中央书记处的决议和指令。并不得有任何违反中央委员会、中央政治局、中央书记处的文字与行动。"[1]

全会通过的《关于各级党部工作规则与纪律的决定》亦强调:"个人服从组织,少数服从多数,下级服从上级,全党服从中央,党的一切工作由中央集中领导,是党在组织上民主集中制的基本原则,各级党的委员会的委员必须无条件的执行,成为一切党员与干部的模范。"[2]

通过这些文件之后,会议由王稼祥作闭幕词。闭幕词说:"中共六次扩大的中央全会开了一个多月的会议,现在结束了。这次得到了大的成绩,大的进步。大会中所估计所想的问题,在大会结束时已变成了事实。此次会表示我们已掌握马列主义,以之分析具体的复杂的环境,定出正确的政策与方针。此次大会表示了党的团结与一致。此次会在党史中占重要地位,总结了过去

---

[1] 中央档案馆:《中共中央文件选集》第11册,中共中央党校出版社1991年版,第761—765页。

[2] 中央档案馆:《中共中央文件选集》第11册,中共中央党校出版社1991年版,第769页。

的经验，定出了工作，将会完成光荣的任务。此次会在中华民族史上亦有重大的意义，推动抗日战争走向最后胜利。"[1]

从中共六届六中全会的全过程看，虽然毛泽东在会议作结论时对"一切经过统一战线"提出批评，但这种批评不能说专指王明一个人的。首先，"一切经过统一战线"是王明在十二月会议发言中提出的一个观点，但这个观点并不是王明的发明，而是共产国际的精神。其次，当时认可这个观点也不只有王明一人，十二月会议后中共中央书记处形成的《政治局十二月会议的总结与精神》的会议精神传达大纲，更是在这个口号之外，另提出"一切服从统一战线"的口号，而这个传达大纲是经过中共中央书记处同意的，可以说是中共中央集体的意见。所以，毛泽东对"一切经过统一战线"的批评，既是针对王明的，也是针对所有认同这个观点的人的。应当说，经过近一年多的国共第二次合作，中国共产党人对抗日民族统一战线有了新的认识。第三，毛泽东与王明在统一战线与国共关系问题上，既有相同的地方，也有意见分歧，但当时毛泽东对王明并没有扣上什么帽子。后来毛泽东也说："在六中全会的文件上，在六中全会的记录上，看不出我们尖锐地批评了什么东西，因为在那个时候，不可能也不应该提出批评，而是从正面肯定了一些问题，就是说在实际上解决了问题。"[2]所以笔者认为，这次全会并未开展对王明右倾错误（更不要说右倾投降主义）的斗争，但在统一战线和国共关系的处理上取得了新的认识，最终意识到不能一切经过统一战线，而应当坚

---

[1]《王稼祥选集》，人民出版社 1989 年版，第 147 页。
[2]《毛泽东文集》，人民出版社 1996 年版，第 360 页。

持独立自主原则，并且使这种认识变为全党共识。

中共六届六中全会的最重大的意义，在于进一步确立了毛泽东在全党的领袖地位。遵义会议是毛泽东进入中共中央领导集体的第一步，并逐渐成为这个领导集体的核心。经过遵义会议到六届六中全会，一方面毛泽东的领导才能逐渐为全党所公认，另一方面其领导地位又得到了共产国际的肯定。六届六中全会王稼祥传达共产国际的指示之后，与会者在发言中纷纷表示拥护毛泽东的领袖地位。张闻天在会上说："能否成为党的领袖，决定于他的聪明能力、对党的忠实及其实际工作，在最困难的时期最能坚持党的正确路线，有了这些条件，则不但党内承认，民众也承认为革命领袖。"[1]他还说："我们有克服困难的优良的条件，这就是：（甲）有一大批党的中心干部。（乙）中央的极高的威信，中央主要领导者毛泽东同志的极高威信。"[2]彭德怀说："党有了群众信仰的领袖。在我所知道的十年中，毛泽东同志基本上是正确的。""领袖的培养，是在坚决斗争中锻炼出来的，是由正确的领导而取得的。领袖不能委任，领袖也不是抢来的，领袖是在长期斗争中产生的。我们党要经常把握正确的方向，党的领袖很重要。"刘少奇说："领袖不是自称的、委任的，而要拥护。要使委任的领袖真正成为群众所拥护的领袖。"李富春说："党的成功有：（一）党的统一与团结；（二）保存广泛干部；（三）党的组织路线正确。……最主要的是中央路线的正确，以毛泽东为首

---

[1] 王秀鑫：《中共六届六中全会》，《中共党史资料》第46辑，中共党史出版社1993年版，第251页。

[2] 中央档案馆：《中共中央文件选集》第11册，中共中央党校出版社1991年版，第722页。

的领导。"谢觉哉说:"我党朱(德)毛(泽东)领袖,都是了解中国古今实际情况,是能中国化的。"[1]林伯渠说:"毛泽东同志及其他许多同志,在全国人民中之影响","确是比别党的人强些","这是我们党足以自豪的!"[2]

按照共产国际的指示,中共六届六中全会前,张闻天向毛泽东提出,党中央总负责人的职务应该由毛泽东来担任了。毛泽东经过全面考虑,认为目前还不是提出这个问题的时候,要张闻天继续担当下去。所以,张闻天也就没有将这个问题提到中央政治局去讨论。尽管如此,这次全会之后,虽然张闻天在形式上还在主持中共中央的会议,但实际上并不在党内负总的责任了。[3]毛泽东在党内的领袖地位经过这次会议,已完全得以确立。

---

[1]王秀鑫:《中共六届六中全会》,《中共党史资料》第46辑,中共党史出版社1993年版,第252页。
[2]《林伯渠传》编写组:《林伯渠传》,红旗出版社1986年版,第224页。
[3]程中原:《张闻天传》,当代中国出版社1993年版,第413页。

结　语

对于十二月会议到六届六中全会这段历史，毛泽东和周恩来都曾有过评价。在1943年11月召开的中央政治局会议上，毛泽东说："遵义会议只集中解决军事路线，因为中央在长征中，军事领导是中心问题。当时军事领导的解决差不多等于政治路线的解决。一九三七年十二月会议时，由于王明的回国，进攻中央路线，结果中断了遵义会议以后的中央路线。十二月会议我是孤立的，我只对持久战、游击战为主、统一战线中独立自主原则是坚持到底的。六届六中全会，我对王明的'一切经过统一战线'等是作了否定的结论的，但当时没有发表。"[1]

1960年7月，周恩来在北戴河召开的省、市、自治区委书记会议上所作报告时也说："一九三七年年底王明从共产国际回来，说他跟斯大林谈过话。他打着共产国际的招牌，提出'一切经过统一战线'，说国民党和共产党都是中国优秀青年的总汇。王明回来后，主持了长江局，蒙蔽了一批人，搞了第二次王明路线。第二次王明路线虽然时间不长，但对北方，对新四军，对上海，都有影响。第二次王明路线与共产国际不无关系。斯大林信任王

---

[1] 中共中央文献研究室：《毛泽东年谱（1893—1949）》（修订本）中卷，中央文献出版社2013年版，第480—481页。

明,季米特洛夫和王明的关系也好。后来我去莫斯科对季米特洛夫谈王明的错误,季米特洛夫听了还表示惊讶。遵义会议后,毛泽东同志的领导在我们党内形成了一个新的局面。党的六届六中全会批判王明,很多干部逐渐觉悟了,王明就逐步地孤立了。当时蒋介石也不要王明,连个部长都没有给他当。毛泽东同志说,要是给他一个部长当,也许情形更坏。"[1]

从十月会议时的毛泽东"孤立"到六届六中全会时王明的孤立,王明的右倾错误在党内的影响也就半年多一点。其实从毛泽东的"孤立"到王明的孤立,都与共产国际有关。十二月会议及以后的一段时间,王明鼓吹的那些东西一个时间在党内有一定的市场,就在于他在共产国际工作的特殊身份,加上他与斯大林、季米特洛夫还有着良好的关系,当时中国共产党是共产国际的一个支部,斯大林和共产国际领导人在党的干部心目中有着很高的地位,而王明又擅长于打着共产国际的旗号。在这样的情况下,以至于党内许多人一时无法分辨王明所说所写的,究竟是共产国际的精神还是他自己的观点,这就难免使一些人对洛川会议上毛泽东强调的统一战线的独立自主原则产生动摇。

到六届六中全会的时候,王明之所以孤立,其中两个因素不能忽视。一是王稼祥对共产国际指示的传达。用毛泽东的话说:"六中全会的很好的条件是王稼祥带回了共产国际的指示。"[2]"六中全会以前虽然有些著作,如《论持久战》,但是如果没有共产

---

[1]《周恩来选集》下卷,人民出版社1984年版,第311—312页。
[2] 中共中央文献研究室:《毛泽东年谱(1893—1949)》(修订本)中卷,中央文献出版社2013年版,第481页。

国际指示，六中全会还是很难解决问题的。"[1]共产国际指示之所以为六届六中全会提供了很好的条件，就在于共产国际肯定了中国共产党在全民族抗战以来政治路线的正确性，而这条政治路线的核心无疑就是既要建立广泛的抗日民族统一战线，又要在统一战线中坚持独立自主原则；同时共产国际明确提出中共中央要以毛泽东"为首"，要求全党必须紧紧地团结在以毛泽东为首的党中央周围，等于肯定了毛泽东所提出主张的正确性。二则在于经过半年多时间的实践，事实证明王明主张对中国革命的有害而无益，因为如果"一切经过统一战线"就等于一切经过国民党、一切经过蒋介石，他同意的才能做，他不同意就不能办。全民族抗战爆发后，蒋介石集团固然参加了抗战，甚至一段时间还比较积极，但他在抗战的同时不忘反共，而且反共的倾向随着抗战的深入持久和共产党力量的发展愈发明显，因此，他时时刻刻都要谨防共产党力量的发展，并且要千方百计地限制这种发展。在这样的情况下，如果"一切经过统一战线"，除非共产党什么也不做，或者一切照着蒋介石的要求办，只能把自己的手脚捆住，这恰恰是蒋介石希望的。这时的中国共产党人，毕竟已经有了大革命失败时的教训，对放弃统一战线独立自主原则的严重后果有过切肤之痛。虽然在十二月会议上王明的装腔作势一时唬倒了一些人，但到了实际工作层面，当时党内几乎没有什么人真正按照王明提出的"一切经过统一战线"去执行。

彭德怀自己承认在十二月会议上"受了王明路线的影响"，在一些原则问题上"模糊不清"，既没有明确支持毛泽东的主张，

---

[1]《毛泽东文集》第三卷，人民出版社1993年版，第425页。

也没有明确赞成或反对王明的意见，"采取了一种模棱两可的态度"[1]。但作为八路军的主要负责人之一，彭德怀在实际工作中并没有"一切经过统一战线"，而是按照独立自主原则加快八路军的发展。按照国共谈判达成的协议，八路军的编制是3个师，每个师下辖2个旅，每个旅下辖2个团，这3个师及其下辖的旅团都有相应的番号，而到1938年秋六届六中全会召开时，八路军已经发展到15.6万人，是改编时的3倍多。八路军总部"规定了扩编八路军的四种不同名称。即：教导旅、新编旅、暂编旅、补充旅；分给四个战略区，即：五台山区、一一五师、一二〇师、一二九师。各从第一旅起，扩编多少算多少，报告延安中央军委和八路军总部备案就是，根本就不要请示，更不报告国民党政府。根据有钱出钱、有力出力的原则，给养自筹。建设了根据地，有了政权区，可征收救国公粮；没有建设根据地政权以前，即捐、借、指派、没收汉奸财物，不靠国民党发饷、发给养。""这些从未通过国民党，如要通过它，一个也不会准。"[2]这就表明，虽然十二月会议上王明提出要"一切经过统一战线"，但"在实际工作中并没有真正去贯彻王明那一套"[3]。

经过十二月会议后半年多时间，全党在实践中进一步认识到统一战线中独立自主的重要，也认识到开展敌后游击战争战略方针的正确。很显然，没有独立自主和敌后游击战，就不会有八路军、新四军的大发展，也就没有中国共产党国内外影响和政治地

---

[1]《彭德怀自述》，人民出版社1981年版，第224—226页。
[2]《彭德怀自述》，人民出版社2019年版，第193—194页。
[3] 中共中央文献研究室：《毛泽东传（1893—1949）》，中央文献出版社1993年版，第509页。

位的极大提高,因而到六届六中全会的时候,王明的"一切经过统一战线"等错误主张,在党内已经完全没有市场了。经过六届六中全会,全党在这两个重大问题上获得了高度的统一。毛泽东就此总结说:"抗日战争时期,我党反对了和这种投降主义思想相类似的思想,即是对于国民党的反人民政策让步,信任国民党超过信任人民群众,不敢放手发动群众斗争,不敢在日本占领地区扩大解放区和扩大人民的军队,将抗日战争的领导权送给国民党。我党对于这样一种软弱无能的腐朽的违背马克思列宁主义原则的思想,进行了坚决的斗争,坚决地执行了'发展进步势力,争取中间势力,孤立顽固势力'的政治路线,坚决地扩大了解放区和人民解放军。"[1]

土地革命战争中后期和全民族抗日战争初期,王明曾分别犯过"左"、右倾错误,究其本质,王明犯的都是教条主义的错误。前者照搬照抄俄国十月革命的经验,后者又搬用欧洲一些国家共产党建立人民阵线的做法,其背后又在于以共产国际的指示为圣旨。王明的教条主义与他的个人经历有很大的关系。王明在党内资历很浅,1925年10月才入党,随后就去莫斯科学习,直到1929年四五月间才回国。他之所以在1931年由一个刚刚从莫斯科学习归来的学生、一个党的一般干部一跃而成中共中央的实际领导人,随后又成为共产国际领导层成员,都与共产国际对他的青睐密不可分。王明在党内领导地位的取得,不是靠他个人的革命业绩,也不是靠党内干部的内心认同,而是靠共产国际的提携,可以说没有共产国际就没有他的一切,因此,他只能以共产国际的是非

---

[1]《毛泽东选集》第四卷,人民出版社1991年版,第1258页。

为是非，也只能做共产国际的传声筒，而缺少独立自主意识。

同时，由于王明入党后在国内工作的时间很短，对国内的革命斗争没有较多的亲身经历，特别是没有经历大革命从高潮到失败，因而对大革命后期陈独秀没有坚持统一战线的独立自主原则、放弃对统一战线领导权造成的严重后果，没有亲身的体验，对蒋介石的反革命本质没有深刻的认识，因而在全民族抗战开始后被蒋介石表面上的进步所迷惑。殊不知，蒋介石在大革命时期就善于伪装，使当时党的主要领导人对他的分共反共缺乏足够的警惕；全民族抗战之后，蒋介石固然抗日甚至一个时期抗日还比较积极，但他在抗日的同时始终不忘防共、限共，当防共、限共的目的不能达到时就直接反共。事实上，武汉、广州失守后，抗日战争进入相持阶段，共产党的力量在抗战中非但没有被削弱反而得到大发展后，蒋介石的反共真面目就完全暴露出来。王明的"一切经过统一战线"的主张，不但是他教条主义的思想的表现，也与他对中国国情、对国民党蒋介石没有深刻的认识和了解相关。

与王明不同的是，毛泽东是在中国革命斗争的实践中锻炼成长起来的领导人。他坚信马克思主义，又扎根中国大地，经过了中国革命的每一个阶段，深知中国国情和中国革命的特殊性复杂性，不但熟悉党内的情况，也对国民党蒋介石有着深入的了解。在土地革命战争时期，他成功地开辟出具有鲜明中国特色的革命道路即农村包围城市的道路，特别是经过第五次反"围剿"的失败，使全党特别是党的高中级干部认识到毛泽东的正确性，正因为如此，才有遵义会议的成功召开，也才有毛泽东在党内领导地位的逐步确立。随后，在毛泽东的领导下取得了反对张国焘分裂主义的胜利，推动了抗日民族统一战线的形成，并成功实现从国内战争到全民族抗日战争的转变。虽然十二月会议上毛泽东一度"孤立",但没有对比与比较,就难以辨明正确与错误,随后的实践证明王明的那一套主张行不通,反而使全党进一步认识到统一战线独立自主原则的正确性,认识到敌后游击战争战略方针的正确性,从而也认识到毛泽东的正确性,这就进一步地巩固了毛泽东在党内的领导地位、领袖地位。

长期以来,共产国际对中国革命既提供过许多正确的指导,但也对中国革命进行过许多的瞎指挥。大革命后期党内出现的右倾错误与土地革命战争前期、中期的"左"倾错误,都与共产国际有着直接的关系。不过,作为一个共产党人的国际组织,共产国际从其内心来说,还是希望各国革命力量能够发展。因此,共产国际固然需要王明这样听话的干部,但更需要有毛泽东这样真正有才能把革命引向胜利的干部。遵义会议是在中共中央与共产国际失去电讯联系的情况下召开的,这也是中国共产党成立之后第一次真正独立自主召开的重要会议,这次会议从事实上确立毛泽东在党内的领导地位,事后共产国际并没有对这个结果表示反对意见,也就是得到实际上的认可。因为共产国际知道仅仅依靠王明这样的书生式的干部,中国革命难以成功,革命光能说会道不行,还需要有实际的才干,而毛泽东是真正有这种才干的领导人。正因为如此,才能在任弼时向共产国际汇报后,共产国际作出中国党的政治路线是正确的明确表态,也才有王稼祥回国前共产国际要中国党以"毛泽东为首"的明确指示,这就为中共六届六中全会的顺利召开,为毛泽东在党内领导地位的进一步巩固创造了重要条件。

随着毛泽东在党内领导地位的进一步巩固,统一战线的独立自主原则、军事上的独立自主的游击战争的战略方针，成为全党的共识和自觉行动，这就使得中国共产党能够在坚持和维护抗日民族统一战线的同时实现自己的大发展，也正是由于中国共产党力量的发展，迫使蒋介石集团不得不留存抗日阵营内而不敢公然破裂统一战线，通过以斗争求团结实现了"发展进步势力、争取中间势力、孤立顽固势力"的目的。八路军、新四军和党领导的其他抗日武装，在广大的敌后农村开展如火如荼的独立自主的游击战争，获得了广阔的生存发展空间，创立、巩固和发展了敌后抗日根据地，形成了与正面战场相互依存相互配合的敌后战场。也正因为如此，中国共产党在抗日战争中真正起到了中流砥柱的作用。